RPA PER TUTTI

Robotic Process Automation, questa famosissima
sconosciuta

di **Vincenzo Marchica**

Fondatore e CEO del Vincix Group, Vincenzo è stato uno dei primi ad
adottare RPA, è una delle poche persone del settore che può davvero
affermare di avere più di un decennio di esperienza reale nel mondo
RPA. È un professionista con esperienza, con una chiara attenzione alla
risoluzione dei problemi aziendali attraverso le nuove tecnologie.
Fondatore, Ambasciatore e Vice Presidente di RPA Italy
Chief Evangelist di Vincix Group

Prefazione

Robotic Process Automation, questa famosissima sconosciuta...

Si parla tantissimo di Digital Transformation, di Digital workforce, di intelligent Automation, di Robotic Process Automation, di Hyperautomation... insomma si fa un gran parlare di Innovazione.

Con "RPA per tutti" non intendo dire che RPA possa essere svolta da chiunque, tutt'altro! L'automazione dei processi è una cosa seria e va affidata a professionisti con esperienza. Il fatto che la RPA sembri semplice spesso induce ad intraprendere questo percorso in modo superficiale e approssimativo.

In questo libro inizio con il racconto del mio percorso professionale nel mondo della RPA, presento il mio punto di vista, partendo da quando ho iniziato nel 2008 ad oggi (2020), e darò spunti, informazioni aggiuntive e consigli pratici su come procedere in questo viaggio.

Spero che possa essere utile a tutti i protagonisti del mondo RPA, dai semplici curiosi, programmatori o architetti RPA, ai responsabili della practice nelle corporate. Per sintetizzare, a tutti quelli che vogliono saperne di più del mondo della automazione dei processi.

Sommario

Prefazione 2

Ringraziamenti 4

LO STRANO PERCORSO... 5

Capitolo 1: Le origini... 5

Capitolo 2: Da Palermo a Roma 8

Capitolo 3: Le origini della RPA 11

Capitolo 4: Il presente: Vincix Group 19

Capitolo 5: Londra, 2016 21

Capitolo 6: Un lavoro appassionante 26

LO STRANO LAVORO 30

Capitolo 7: RPA: cos'è?.. 30

Capitolo 8 - RPA: perché?.. 36

Capitolo 9 - RPA: per tutti?...................................... 41

Capitolo 10 - RPA: le criticità 51

Capitolo 11 - RPA: un impegno quotidiano.............. 56

Capitolo 12 - RPA: le prossime evoluzioni............... 65

Conclusioni 70

Appendice 76

RPA per tutti – di Vincenzo Marchica

Ringraziamenti

Il primo ringraziamento va a mia moglie Maria Cristina, che mi ha sostenuto, supportato, incitato e "sopportato" per tutti questi anni. È stata l'unica a credere e supportarmi quando nel 2016 lasciai un buon lavoro con un contratto da quadro per inseguire la mia passione... un'azienda che si occupasse di RPA. Ai più sembrava una scommessa persa in partenza... ma non a Maria Cristina. Per tutto quello che ha fatto in passato e per quello che sopporterà in futuro... grazie mille!

Il secondo grazie lo voglio dedicare ai miei soci, Marco e Giovanni che hanno creduto in me, mi hanno aiutato tantissimo e con i quali affronto questo fantastico viaggio che è il Vincix Group.

Il terzo grazie vorrei rivolgerlo a Roberto, che nel 2008 mi ha fatto conoscere il fantastico mondo della RPA.

Altri ringraziamenti sono sparsi durante il libro... perché in questi lunghi anni ho avuto la fortuna di cogliere molti insegnamenti e spunti dalle mie esperienze che mi hanno portato fino a qui...

Un ringraziamento speciale a mio figlio, che ha disegnato la copertina.

RPA per tutti – di Vincenzo Marchica

Parte prima

LO STRANO PERCORSO

Capitolo 1: Le origini

Se da bambino mi avessero detto che a quarant'anni avrei lavorato in una società tutta mia e nello sviluppo di sistemi di RPA, ci avrei messo volentieri mille firme pur ignorando cosa potesse significare RPA. Negli anni Novanta, la mia esperienza "computerizzata" era l'Amiga 500, che stava lentamente sostituendo il mitico Commodore 64; ricordo ancora i minuti di attesa nel caricamento di un gioco, un tempo infinito che impiegavo nel chiacchierare con gli amici, fino a quando finalmente la schermata iniziale diceva che potevamo cominciare.

Tutte queste cose adesso sembrano preistoria, ma stiamo parlando solo di una ventina d'anni fa. La tecnologia ha fatto grandissimi passi avanti e ora è impensabile anche solo aspettare qualche secondo l'apertura di una app sullo smartphone: se questo accade, l'app è presto cancellata dal dispositivo. La velocità nel cambiamento ha comportato un nuovo modo di vivere e di lavorare.

Il mio percorso verso la RPA comincia, in maniera inconsapevole, con la scelta della facoltà universitaria. Alla fine del liceo scientifico chiesi consiglio a mio padre su quale potesse essere un corso di laurea alla mia portata, considerando il mio percorso scolastico svolto fino a quel momento. Mio padre, in modo molto democratico, mi rispose che avrei potuto scegliere qualsiasi corso di laurea della facoltà di Ingegneria che avessi voluto... accettai volontariamente questa "finta" libertà, anche perché avevo intuito che l'unica facoltà in grado di darmi un futuro e una carriera pressoché certa era proprio la facoltà di Ingegneria.

I miei ricordi di bambino prima e poi di ragazzo sono legati a una serie di fatti che, a distanza di qualche anno, mi hanno fatto capire come avessi già da piccolo una propensione per l'attività imprenditoriale e, in generale, per il fatto di vendere qualcosa di mio e ricavarci qualche soldo per potermi togliere qualche soddisfazione personale. Qualche esempio potrà chiarirvi quello che ho appena detto.

Un giorno, avrò avuto sette-otto anni, uscii dal condominio per andarmi a comprare una trombetta per la mia bici. Ne comprai una a cinquemila lire. Tornando al condominio, un mio amico notò la trombetta e fece un complimento tipo "Che bella questa trombetta!". Non so bene cosa scattò in me all'udire quel commento. Fatto sta che gli proposi di venderla a un prezzo "molto conveniente": ottomila lire. Quello accettò e mi pagò. Per cui, una volta incassati i soldi di quella mia prima vendita, tornai al negozio, comprai un'altra trombetta sempre a cinquemila lire e mi tenni in tasca le restanti tremila lire, che a quell'epoca per un bambino di 8 anni erano un discreto guadagno.

Oppure mi ricordo di quando mi venne regalato un criceto. Nel momento di sceglierne un secondo, studiai la situazione e mi resi conto che un criceto genera altri criceti al ritmo di cinque-sei ogni tre mesi. Sapevo che il negoziante vendeva i cuccioli di criceto diecimila lire ciascuno. Mi feci avanti e dissi al negoziante se fosse disposto a pagarmi qualora gli avessi portato altri cuccioli di criceto. Concordammo una somma di quattromila lire a cucciolo e tale somma ipotetica fu uno stimolo così imponente che in pochi

6

mesi arrivai ad avere una trentina di cuccioli. Ogni mese vendevo al negoziante una decina di cuccioli.

Mettendo insieme la mia passione per l'Ingegneria e questa propensione all'imprenditorialità e alla vendita, ho potuto seguire un percorso formativo ben definito, in cui mettevo sicuramente molta passione, uno studio intenso e piacevole, il tutto collegato al desiderio di darmi da fare come imprenditore. La passione per tutto quello che era collegato all'informatica l'ho coltivata passo dopo passo, seguendo all'inizio soltanto l'idea di potermici divertire e capendo solo più tardi che tutto avrebbe potuto diventare la pietra angolare dell'edificio della mia carriera professionale.

Queste cose le racconto non perché il lettore resti colpito dalla mia sagacia e dalla buona volontà, quanto per far capire che la mia idea di lavoro si basava - e si basa tutt'ora - sull'idea di fare qualcosa per soddisfare le necessità e i bisogni degli altri.

Nel settembre del 1998 mi iscrissi alla Facoltà di Ingegneria e poche settimane dopo mi iscrissi al "club di ingegneria". Il club organizzava diversi incontri, come quello dove un rappresentante di una scuola romana venne a presentare le attività formative, quella scuola era l'ELIS.

Notai che il Consorzio ELIS stava per far partire un corso professionale denominato "Linguaggi e Tecnologie Multimediali", della durata di due anni. Il corso aveva un programma molto intenso e prevedeva l'insegnamento di tutta una serie di linguaggi di programmazione e montaggio video e di tecniche 3D. Il corso mi interessava parecchio, anche perché in quel momento a Palermo non c'erano corsi simili in grado di fornirmi quelle competenze che, personalmente, ritenevo fondamentali per iniziare a smuovere la mia carriera. Feci domanda e fui invitato a svolgere un colloquio in sede. Ne prendevano solo ventotto, e quell'anno le domande di iscrizione furono circa quattrocento. Fui selezionato come uno dei partecipanti. Inizia il corso a Roma mantenendo attiva anche la mia iscrizione all'università. A giugno del 2000 superai gli ultimi esami all'Università di Palermo, poi chiesi il trasferimento ai corsi di Ingegneria informatica presso la Sapienza Università di Roma e a settembre 2000 iniziò il mio periodo di permanenza nella Capitale, periodo che si sarebbe incredibilmente esteso fino al momento presente.

Capitolo 2: Da Palermo a Roma

Nella mia esperienza professionale, almeno all'inizio, l'ELIS è stato fondamentale perché mi ha dato l'opportunità di spiccare il volo verso il mondo del lavoro.

Ebbi la mia prima opportunità lavorativa in Rai.Net. Al termine di quel periodo non avevo nessuna intenzione di restare in Rai. Non ero proprio il ragazzo con la fissazione del "posto fisso" alla Checco Zalone.

Subito dopo iniziai a lavorare per una società romana come sviluppatore web. Il mio capo era Stefano Epifani, che oggi è un importante docente universitario e giornalista, nonché dal 2016 presidente del "Digital Transformation Institute". Svolgevamo consulenze per grandi aziende. A Stefano devo il mio ingresso nel mondo del lavoro imprenditoriale, ho imparato tantissime cose in quegli anni, come muovermi con i clienti, fornitori e collaboratori… come gestire situazioni difficili e le trattative commerciali. Ovviamente ho fatto decine di errori in quegli anni, e lui era sempre lì a correggermi ed a spiegarmi come migliorare.

Posso dire che in questa mia prima esperienza ho subito imparato che l'innovazione, il cambiamento e la formazione continua sono componenti importantissime per il successo di un'azienda ma anche di un professionista.

Avrei mille storie interessanti da raccontare del periodo di lavoro con Stefano, ma una in particolare mi è rimasta impressa: Riunione commerciale dove presentiamo la nostra piattaforma, il cliente fa una serie di domande e chiede se è inclusa una funzione molto particolare e particolarmente complessa, Stefano non si scompone, risponde di sì e spiega anche nel dettaglio questa funzione, del perché l'abbiamo introdotta nella piattaforma e dei vantaggi che ne comporta! Io resto in ascolto sorridendo ed annuendo. Usciti dalla riunione, mi avvicino a Stefano e gli sussurro: "Ste, ma io non ho mai fatto quella funzione", lui si gira verso di me e dice "Lo so, ma abbiamo tutto il weekend per farla… e ricorda che nulla è impossibile, basta volerlo". La suddetta funzione era online e disponibile il lunedì successivo!

Qualche mese dopo andai a fare un colloquio alla Pontificia Università della Santa Croce, ed andò tutto bene, nonostante un episodio che non mi mise proprio di buon umore… a un certo punto mi chiesero se sapessi cosa fosse una matrice video. Risposi che, accostando i due termini, avrei potuto anche immaginarlo, ma non sapevo che la matrice video era uno strumento video analogico. Quando mi chiesero se avessi già lavorato con matrici video, risposi che non lo avevo mai fatto ma che avrei studiato su

9

un manuale, se me lo avessero dato. Forse fu questa risposta, decisa e sincera, che decretò il destino di quel colloquio. Venni assunto con un contratto part-time.

Per me fu un'esperienza bellissima, proprio perché quel lavoro lo stavo imparando sulla mia pelle giorno dopo giorno. Ho sempre visto il mondo del lavoro come qualcosa in cui dovevo divertirmi e stare bene, lavorare per arrivare a un obiettivo con la speranza di non annoiarmi. Credo che non sia facilissimo riuscire a fare il lavoro che ognuno vorrebbe, perché spesso ciò che uno desidera e ciò che uno fa non coincidono. Da questo punto di vista sono stato fortunato, lo ammetto, ma anche molto determinato a non abbrutirmi nella routine di un lavoro sempre uguale e fine a sé stesso. Quel lavoro alla PUSC mi consentiva di formarmi, di andare a lavorare con allegria e di sperimentare cose nuove per migliorare e accrescere il mio prestigio professionale.

Durante quello stesso periodo, continuai anche a lavorare con Stefano Epifani. Un filone di attività che seguii con Stefano fu la formazione online a distanza. All'epoca, e parliamo del 2002, non c'erano piattaforme dedicate a questo servizio. E Stefano, aveva individuato a pieno una bella esigenza nascente. Negli anni successivi feci diversi lavori ed aprii una società di consulenza informatica, la IT Consulting... ma non è troppo rilevante ai fini di questo libro e quindi farò un salto fino al 2008.

Capitolo 3: Le origini della RPA

Nel 2008 la RPA non si chiamava ancora così. Il termine lo dobbiamo a Pat Geary di Blue Prism che nel 2012 coniò il termine Robotic Process Automation, prima del 2012 si era soliti chiamarla Business Process Automation.

Ebbi il piacere di incontrare Pat a Londra durante il Blue Prism world del 2017, ma solo nel 2020 ho avuto la enorme emozione di prendere una birra con lui e Jason Kingdon (CEO di BP)

Figura 1 Con Pat Geary e Jason Kingdon- Londra 2020

Si è soliti immaginare che i principali vendor di RPA siano nati recentemente, in realtà hanno tutti natali abbastanza indietro nel tempo. Il primo a nascere è stato Blue Prism, nel 2001 seguito da

RPA per tutti – di Vincenzo Marchica

Automation Anywhere nel 2003 e da Automate e UiPath rispettivamente nel 2004 e 2005.

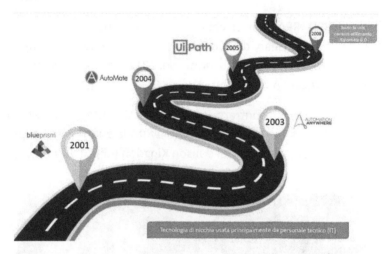

In quel periodo la tecnologia era utilizzata e pensata per personale tecnico e nelle aziende era utilizzata ed accolta dal reparto IT. Questo è stato uno dei principali fattori che ha tenuto questa tecnologia sconosciuta ai più per molti anni.

Nel 2012, Pat Geary conia il termine RPA, ed il mercato si sveglia! Un punto di snodo importante è che dopo quel momento la RPA viene portata sui tavoli dei Business owner, non più IT, il Business capisce ed inizia a far sua questa pratica, e scopre che può implementare tantissime cose da solo e molto velocemente. La miccia oramai è accesa.

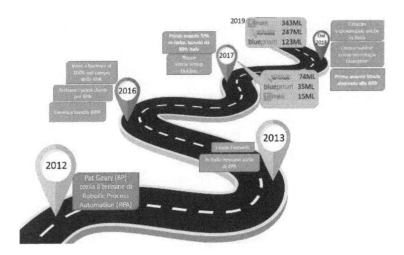

Figura 2 Roadmap post 2012

Nella Roadmap post 2012 riporto le seguenti milestone:

- 2012: Pat Geary conia il termine RPA
- 2013: Ancora pochissimi parlano di RPA in Italia, nonostante io in quell'anno lasciavo Fastweb dopo quasi 5 anni di sviluppi e processi automatizzati.
- 2016: Inizio a lavorare a tempo pieno nel campo della RPA ed iniziano ad arrivare i primi grandi clienti. Partecipo all'evento IRPA AI di Londra.
- 2017: Primo evento RPA in Italia organizzato dalla mia associazione RPA Italy.
- 2018: La RPA inizia a crescere velocemente anche in Italia e viene consacrata a livello globale come tecnologia disruptive.
- 2019: I principali vendor RPA registrano crescite di fatturato esponenziali.

RPA per tutti – di Vincenzo Marchica

In merito al fatturato dei principali vendor RPA, riporto di seguito un grafico per sottolineare la impressionante crescita che hanno registrato dal 2017 al 2019.

Ecco lo sviluppo dei tre leading player: Blue Prism, Automation Anywhere e UiPath.

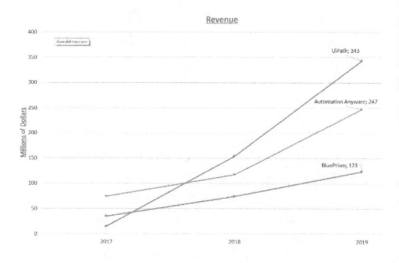

Figura 3 - Fatturato principali Vendor RPA

Ovviamente, per poter comprendere al meglio come questi eventi abbiano influito nel mio percorso e come si intreccino con la recente storia della RPA nella mia vita ed in Italia è doveroso fare qualche passo indietro nel tempo.

Nel 2008 fui chiamato per un colloquio in Fastweb.

Andai al colloquio e il mio futuro capo mi disse che la Fastweb aveva intenzione di mettere in piedi un nuovo ufficio e che, in

RPA per tutti – di Vincenzo Marchica

base al curriculum, io potevo avere un background iniziale utile per poter svolgere bene quel lavoro. Il nuovo ufficio che la Fastweb stava attrezzando si sarebbe concentrato sulle automazioni di processo. Quando mi chiesero se sapevo ciò di cui mi sarei dovuto occupare, fui lindo e cristallino nel negarlo totalmente. Dissi: "Datemi un manuale e lo imparerò", ma avevo sentore che non sarebbe stato facile come in passato. Finito il colloquio attesi la risposta; e quando seppi che era andato bene e che ero stato preso, la prima reazione fu di stupore. Ancora una volta sentivo che, dietro a quella situazione di fiducia, si stava celando una nuova opportunità professionale e che non me la potevo far sfuggire facilmente.

Chiusi la IT Consulting e tutta una serie di attività che stavo portando avanti e iniziai a lavorare in Fastweb. Chi legge avrà quindi sicuramente compreso che, fino al 2008, io non sapevo nulla sull'automazione. Non sapevo neanche che esistesse una cosa con questo strano nome.

Durante i miei anni in Fastweb non ho mai seguito corsi di formazione sull'automazione. La mia conoscenza e formazione sull'automazione di processi è stata tutta sotto il cappello del "learning by doing", dell'imparare provando e sperimentando in prima persona le grandi opportunità offerte dall'automazione. Il mio primo giorno di lavoro in Fastweb, nel nuovo ufficio per l'automazione di processi, è stato indimenticabile. Arrivai molto presto alla scrivania, posi le mie cose sul tavolo e qualche istante dopo vidi arrivare il mio capo. Tirò fuori dalla tasca una chiavetta, la infilò nel mio computer e mi indicò un software contenuto all'interno. Mi spiegò che quello era il software che usavano per fare le automazioni di processo e mi chiese di installarlo sul

RPA per tutti – di Vincenzo Marchica

computer, di provarlo e di fargli sapere il giorno dopo come era andata. Poi girò i tacchi e se ne andò e quel giorno non lo rividi più. Dopo un iniziale momento di panico, cominciai a ragionare. Sentivo il cuore pompare adrenalina perché, in fin dei conti, quell'uomo mi aveva appena lanciato una sfida. E a me piacciono le sfide. Installai il software, cercai uno straccio di manuale online - che non c'era - o qualche cosa che mi spiegasse come farlo funzionare e poi iniziai a fare qualche prova per costruire un piccolo robottino, un primo automa da autodidatta. Mi resi conto che già all'accensione del computer c'era una prima possibilità di automazione, un primo trigger: l'automa avrebbe potuto mettere per me, all'accensione del computer, nome utente e password, nonché comandare di aprire autonomamente Outlook. Realizzai in pochi minuti l'automino, scrissi quattro righe di codice, spensi il computer e provai a riaccenderlo per vedere se tutto andava per il verso giusto, come avevo descritto io. Una volta acceso, notai che il pc da solo premeva i tasti Ctrl+Alt+Canc, inseriva nome utente e password, faceva il log-in, apriva Outlook, apriva il sistema aziendale per passare online il badge, inseriva orario di inizio lavoro e mi lasciava libero il computer per iniziare a lavorare. Il tutto senza che io muovessi un dito. Per me fu qualcosa di rivoluzionario, l'inizio di un mondo nuovo, la scoperta delle grandi potenzialità della tecnologia. Tutto in pochi minuti. Il giorno dopo, il mio capo fu contento di vedere i miei progressi e mi fece vedere un automa già realizzato. Poi cominciò a darmi compiti e fui pienamente dentro alle questioni.

Il nuovo ufficio aveva il compito di automatizzare principalmente la creazione dei report aziendali. Il responsabile di quella nuova creazione, il mio capo, era il nuovo responsabile della reportistica. Si chiama Roberto ed era stato messo lì come responsabile con il chiaro obiettivo di automatizzare tutto il possibile. All'inizio, il nuovo ufficio era composto da me e da Roberto, per cui facemmo delle prove per capire come gestire la nuova situazione e il compito che ci era stato affidato. L'inizio è stato molto entusiasmante, in quanto in soli tre mesi abbiamo realizzato le automazioni che servivano per realizzare tutti i report che venivano prodotti in quel momento dal team di reportistica (4FTE).

Abbiamo continuato il nostro percorso, in modo che tutti i processi relativi alle attivazioni passassero dal controllo umano a quello dell'automa che stavamo creando. Per fare questo ci servivano parecchi computer in grado di monitorare costantemente il lavoro che stava svolgendo l'automa in base alle indicazioni che gli avevamo dato.

Le automazioni giravano sui nostri computer tutta la notte. Eravamo riusciti a ottenere che i computer rimanessero sempre accesi, anche quando in ufficio non andava nessuno. Per evitare che le signore delle pulizie toccassero tasti che avrebbero potuto bloccare il processo in corso, io e Roberto eravamo attenti a non lasciare tastiere e mouse sopra le scrivanie. Quando poi gli "automini" arrivavano a qualche risultato importante, io e Roberto avevamo fatto in modo che questi parlassero e dicessero quale cifra od obiettivo avevano raggiunto attraverso il "text to speech", un testo semplice e breve che ci indicasse il livello di mole di lavoro a cui erano arrivati - come, ad esempio, "sto iniziando il processo...", oppure "me ne mancano cinquanta". Capitava, quindi, che qualche nostro collega mattiniero, passando accanto al nostro ufficio, sentisse parlare qualcuno all'interno e ci chiedesse poi chi avevamo segregato tutta la notte o tutto il fine

RPA per tutti – di Vincenzo Marchica

settimana a lavorare al posto nostro. Quando invece gli automi raggiungevano flussi importanti, o arrivavano a obiettivi particolarmente attesi o complicati, partiva di sottofondo la musica della "Cavalcata delle Valchirie" presa dal film "Apocalypse Now" di Stanley Kubrik. Da questo "allarme" sapevamo che erano arrivati i dati più attesi. Più lavoravo accanto a Roberto, più mi rendevo conto di quanto fosse importante strategicamente il settore dell'automazione, che a quell'epoca era ancora un settore di "nicchia", poco conosciuto e poco sviluppato nel mercato aziendale italiano. Lavorando in Fastweb capii che quel tipo di lavoro sarebbe stato il futuro, e che era assurdo che se ne facesse così poco uso.

Nei miei quasi cinque anni in Fastweb abbiamo automatizzato più di centotrenta processi. La nostra area di intervento era quella delle attivazioni, i diversi processi erano destinati al Customer Care per velocizzare ed ottimizzare le attività, ai venditori per l'analisi e gestione del venduto delle agenzie e forze vendite, ed abbiamo realizzato processi anche per altri gruppi ed altre funzioni. Non posso certamente elencarli tutti, ma ti assicuro che hanno portato enormi benefici in azienda sia in termini economici che in termini di qualità e velocità.

Nei primi mesi del 2013 venni assunto da una società di consulenza che si chiamava "Babel". Questa società gestiva varie consulenze e progetti con grandi clienti della realtà aziendale italiana. Accadde che PosteCom chiese all'allora "Babel" un consulente informatico che lavorasse ad alcuni progetti interni all'azienda, un project manager. Vidi questa opportunità come il necessario scalino. La proposta economica che Babel mi fece era troppo allettante per essere rifiutata. Maggiori benefit

RPA per tutti – di Vincenzo Marchica

significavano, però, anche maggiori responsabilità nella gestione dei progetti, ma questo lo ritenevo un falso problema. L'importante era esserci, sapere di avere la fiducia necessaria per poter svolgere anche lì un ottimo lavoro.

Questa esperienza mi ha dato molto, ho imparato come gestire progetti più complessi e più grandi e soprattutto gestire molti stakeholder contemporaneamente e su più fronti. In questi anni notavo continuamente progetti che potevano essere risolti con la RPA o dove poteva essere introdotta con grande beneficio sia economico che di tempi. Ma non era ancora il momento ed i miei consigli non venivano recepiti.

Questo continuo intravedere l'automazione ovunque mi convinse dopo circa 3 anni a lasciare Babel ed intraprendere un'attività tutta mia nel mondo della Business Process Automation. Che a brevissimo avrei chiamato RPA!

Capitolo 4: Il presente: Vincix Group

Il periodo in Poste non aveva spento il mio desiderio di riprendere a lavorare nel campo dell'automazione di processi, come avevo fatto negli anni in Fastweb. A fronte di questo mio grande interesse per l'automazione, e in particolar modo per la Robotic Process Automation (RPA), pur convinto dell'utilità pratica di questo modello ancora inesplorato in Italia, mi rendevo conto che le persone con cui mi interfacciavo non avevano una visione chiara di cosa fosse l'automazione e, nello specifico, cosa avesse di diverso la RPA.

Di RPA non se ne parlava quasi per niente e spesso non veniva apprezzata... un giorno un importante dirigente di una grande azienda sentenziò: quello che mi racconti va bene solo per le piccole aziende... non in aziende grandi come la nostra... Ingenuamente risposi che era utilizzata dalle principali banche in giro per il mondo e da colossi 10/100 volte più grandi della sua "grande" azienda... ma capii che fu solo fiato sprecato...

Nel momento in cui diedi le dimissioni dalla ex Babel, mi posi come obiettivo quello di lavorare solo su progetti di RPA, a tempo pieno. Per fare questo avevo assolutamente bisogno di un po' di indipendenza e di un briciolo di follia e consapevolezza dei miei mezzi e delle mie capacità. Pochi mesi dopo aver lasciato il precedente lavoro, iniziai a lavorare con il brand "Vincix Group". Il mio obiettivo era sviluppare progetti di RPA, ma con una società che faceva solo quello, con il grande ideale di far conoscere di più la RPA nel mercato italiano e di poter collaborare con grandi aziende che avevano bisogno dell'automazione come il pane per poter sopravvivere ai tempi di crisi economica e di croniche mancanze di tempo per fare tutto.

La Vincix Group è iniziata in una sede piccolissima e con 0 dipendenti. Già alla fine del 2016 riuscii a trasferire l'ufficio in una stanza abbastanza economica del Tecnopolo Tiburtino. La mia società era appena nata ed era molto piccola, e sapevo bene che quella sarebbe stata solo una sistemazione temporanea prima di accasarmi da qualche altra parte.

Nell'ufficio al Tecnopolo ho iniziato ad avere qualche dipendente, e ciò significava avere un massimo di due dipendenti che mi aiutarono a mettere in piedi i primi progetti e le prime consulenze. In pochi mesi il lavoro diventava sempre maggiore e

RPA per tutti – di Vincenzo Marchica

avevamo bisogno di nuovo personale e di un posto più grande dove sistemare gli sviluppatori. A metà del 2017 riuscii a trovare una sistemazione, quella attuale, a viale Regina Margherita, proprio davanti alla sede di Enel. Con l'entrata dei nuovi soci nel consiglio d'amministrazione della Vincix Group si è scritto il penultimo capitolo di questa mia esperienza professionale che mi ha portato in giro per l'Italia, con mansioni diverse, fino all'attuale mia identità che si identifica con il lavoro che svolgo ogni giorno per la Vincix Group, all'interno di quel sistema ancora così poco conosciuto in Italia che è la RPA.

Da gennaio 2018 la mia società ha iniziato a lavorare stabilmente in Italia e nel Regno Unito. I primi mesi sono stati impiegati nel trasferire tutti i contratti e tutti i progetti dalla vecchia alla nuova società, organizzare il nuovo ufficio, allargare il parco dipendenti e tutta una infinita serie di pratiche burocratiche necessarie per poter avviare un'azienda in Italia. La crescita esponenziale delle attività va parallela all'aumento del fatturato. Nonostante gli spostamenti burocratici e le "perdite di tempo" nei vari passaggi di società, la Vincix Group ha chiuso il 2017 con un fatturato attivo come anche nel 2018.

Capitolo 5: Londra, 2016

C'è una data, nella mia giovane vita, che non dimenticherò tanto facilmente, dopo quella del mio matrimonio...si tratta del 14 dicembre 2016. È una data importante perché, a partire da questa data, ho avuto la conferma che il percorso professionale intrapreso negli ultimi anni non è una mia chimera, una fissazione personale che non ha riscontri positivi nell'ambiente sociale che frequento, ma una realtà che lentamente stava - e lo sta facendo tutt'ora - prendendo piede in Europa e negli USA. Venni a conoscenza di un evento organizzato da IRPA-AI che all'epoca si chiamava solamente IRPA, Institute of Robotic Process Automation, spulciando su internet trovai qualche informazione in più su come veniva vista all'estero la RPA. Non ci pensai due volte: lessi il titolo e il programma della conferenza e decisi di iscrivermi all'evento. Il 14 dicembre 2016, mi presentai alla reception della conferenza. Una volta dentro, come mi aspettavo, fui assalito da un'orda di venditori che provavano a vendermi le loro soluzioni RPA per svolgere attività in modo più rapido ed efficace. Ogni volta che rispondevo dicendo che, come loro, anch'io ero uno che sviluppava e implementava soluzioni RPA per clienti, venivo subito snobbato: in questo modo venni lasciato in pace quasi subito e potei concentrarmi nel capire quanto quell'evento avrebbe potuto aiutarmi a svolgere meglio la mia relativamente nuova professione.

Non esagero nello scrivere che, uscendo da quell'evento, ero emozionato. Era un tipico evento inglese, con poco più di duecentocinquanta persone presenti. Si parlava di RPA, dei suoi sviluppi futuri, dei casi di successo in tutto il mondo e, al termine, si poteva anche pensare di scambiare quattro chiacchiere con i protagonisti di quei casi di successo. Gli speech iniziarono presto al mattino e si conclusero verso le cinque del pomeriggio. A partire da quell'ora iniziava l'open bar, e le persone avrebbero potuto scambiare qualche battuta e bere un drink assieme a coloro che nella mattinata avevano presentato le loro relazioni, disponibilissimi nell'ascoltare le domande del pubblico e nel farsi una foto con tutti coloro che lo avrebbero desiderato. Ebbi modo

RPA per tutti – di Vincenzo Marchica

di conoscere e scambiare qualche parola con Frank Casale, il fondatore e presidente dell'IRPA-AI, nonché un professionista che ha sempre lavorato per aiutare la società attraverso la tecnologia. Quell'evento fu capace di trasmettermi emozioni fortissime e la certezza di aver una bellissima professione.

Fino a quel momento non avevo mai avuto l'opportunità di approfondire quali fossero i vantaggi della RPA nel mio paese, perché nessuno era a conoscenza di quello che si stava facendo in giro per il mondo su questo argomento. In poche ore lì a Londra ho seguito eventi in cui a parlare erano i fondatori e i CEO di tante aziende che si occupavano di automazione di processi, come UiPath e Blue Prism. Ho avuto anche l'opportunità di farmi una foto assieme ai grandi responsabili di queste società, un po' come se andassi in Italia a un evento della Fiat-Chrysler e riuscissi a farmi una foto assieme a John Elkann. Inglesi e indiani erano i personaggi maggiormente presenti a quell'evento.

Figura 4 Con Frank Casale - Evento IRPA AI del 2016

L'evento londinese, dedicato trionfalmente a quello che veniva definito "l'anno del robot", era qualcosa di diametralmente opposto rispetto a quello che accadeva in Italia in tema di convegni: i convegni italiani, tra cui anche quelli che approfondiscono aspetti tecnologici innovativi, continuano ad essere noiosi, a senso unico, con persone che si mettono a insegnare da dietro a un tavolo e spiegano come hanno fatto a diventare così importanti. E quando è necessario fare qualche domanda di approfondimento per capirne di più, il guru italiano (di solito un professore universitario) è già sparito per andarsene chissà dove a tramandare il suo verbo. Quando l'evento ebbe fine, ero galvanizzato all'idea di poter continuare a sviluppare quel settore e attratto dall'obiettivo, fino ad allora fallito, di fare in modo che anche in Italia si iniziasse a parlare di RPA in termini comuni e positivi. Nella mia testa percepii forte e chiaro il fatto

24

che fosse giusto proseguire sulla strada che avevo intrapreso perché era un mercato valido, esistente, pieno di possibilità, fantasioso.

Bisognava solo superare l'ostacolo maggiore, ovvero quello di far capire meglio ai clienti italiani cosa fosse in concreto questa RPA e come funzionasse. Così lavorai alacremente per conoscere quei pazzi che, come me, avevano iniziato a lavorare nel mondo RPA e poi per mettere in piedi un evento simile a quello londinese, da replicare in Italia per farlo diventare un appuntamento fisso annuale, proprio come quello realizzato dall'IRPA.

Feci la conoscenza con altre persone che lavoravano nel settore e proposi loro di unirci assieme per realizzare un evento conoscitivo e promozionale della RPA in Italia. Eravamo, in fin dei conti, dei competitor che si univano eccezionalmente per una causa superiore.

Creammo il network RPA - Italia, ci associammo e organizzammo il primo convegno per il 2017. Come sede scegliemmo - guarda un po' che combinazione - il centro ELIS, che in quel periodo seguiva con interesse tutte le tematiche inerenti al progetto "Industria 4.0". Noi aggiungemmo, come settore di conoscenza e di focalizzazione, l'automazione e l'innovazione e riuscimmo a programmare la giornata dedicata all'approfondimento sulla RPA per il 9 maggio 2017. L'evento in sé fu un mezzo fiasco: parteciparono solo una quarantina di persone, che però erano davvero interessate all'argomento. Pur nella delusione che covavo dentro, sapevo di aver fatto un piccolo passo: aver organizzato il primo convegno sulla RPA in Italia. UiPath venne al convegno e, vista la scarsa partecipazione degli italiani, decisero

25

di rinviare il loro investimento personale nel mercato italiano, lasciando di fatto ad altri l'avvio del mercato.

Al convegno italiano del 2017 sono succeduti altri tre eventi, nel maggio 2018 a Roma, settembre 2019, uno a Milano e uno a Roma. L'evento londinese dell'IRPA ha avuto altre edizioni sia in UK che in USA ed è tutt'ora un appuntamento fisso per coloro che vogliono saperne di più in tema di Automazione di processi e Intelligenza Artificiale.

Per quanto mi riguarda, l'evento londinese del 2016 mi ha messo anche in condizione di avere maggiori rapporti con i più importanti esperti di RPA al mondo e di promuovere, nel mio piccolo, l'interesse per questo settore in continua crescita. Sono nati così, recentemente, gli RPA Hackathon organizzati dalla Vincix Group proprio per portare a una maggiore conoscenza del fenomeno e per avvicinare i più giovani al mondo della RPA per poter avviare progetti di startup innovative, in grado di rendere sempre più agevole e comune l'utilizzo di progetti di RPA non solo per aziende ma anche per privati interessati.

Capitolo 6: Un lavoro appassionante

Dopo aver raccontato il lungo percorso che mi ha portato fino a qui, e prima di dare una panoramica al lettore di quali siano le attuali potenzialità della RPA, mi sembra giusto descrivere in cosa consista il mio lavoro ogni giorno, un lavoro che svolgo con passione sempre maggiore e con la consapevolezza che ne avrò ancora per molto tempo.

Adesso che finalmente anche in Italia le aziende sembrano aver capito il ruolo e l'importanza dei progetti di RPA per lavorare di più e meglio per lo sviluppo delle proprie attività imprenditoriali, noi che siamo dall'altra parte - e che offriamo la nostra professionalità per far comprendere i grossi benefici derivanti da un progetto di RPA fatto bene - abbiamo il compito di metterci a disposizione per favorire una diffusione sempre maggiore dell'automazione.

Il mio lavoro consiste essenzialmente nel trovare, parlare e convincere il potenziale cliente ad affidarsi all'automazione per lasciare parte del suo attuale lavoro a un robot che lo svolga in nome e per conto suo, senza il timore di perderci nei guadagni totali. È un lavoro che si affianca a quello più "di routine" della gestione e dello sviluppo dei progetti in essere, già avviati con vari clienti o che stanno per essere varati a breve. L'apertura di una società e il suo conseguente sviluppo ha imposto, ovviamente, anche un altro filone di lavoro che seguo con crescente entusiasmo e con non poca fatica: far crescere un team di persone che sappia lavorare ai miei ritmi e con sempre maggiore competenza, formandoli per quanto possibile attraverso l'esercizio diretto della professione e nella gestione concreta dei singoli progetti e degli specifici clienti. In Vincix stiamo lavorando per avere professionisti che siano non solo bravi tecnicamente ma attenti ai particolari e focalizzati alla risoluzione dei problemi ma soprattutto che non si arrendano mai! Spesso ai miei clienti dico che noi siamo come i Navy Seal, non lasciamo indietro nessun progetto e portiamo a compimento ogni singola missione.

Le pubbliche relazioni mi hanno portato, in questi anni, a parlare spesso alle platee per far capire cosa sia la RPA e cosa non è. Ho parlato davanti a pubblici più o meno eterogenei, dai professionisti affermati ai grandi capi d'azienda, dagli studenti universitari ai ragazzini di scuole primarie e secondarie. Negli ultimi due anni ho visto e sentito cose più o meno assurde sulla RPA. Molte persone si spacciano per grandi esperti di RPA ma, anziché trasmettere messaggi sicuri e veritieri, producono falsi miti che spaventano i clienti e rendono vano lo sforzo profuso da professionisti per promuovere a ogni livello e a ogni condizione l'utilizzo della RPA anche per coloro che non ne sanno nulla. Quando parlo con un cliente che non è a conoscenza dei grandi vantaggi che un buon progetto di RPA può produrre in termini di costi e benefici, mi rendo conto che il problema non è tanto nel capire cosa sia, quanto nella percezione distorta di quello che può essere fatto e di quello che, invece, deve essere fatto. Per non parlare, poi, dei mille dubbi che sorgono al momento di immaginare come possa essere fatto un progetto di RPA e cosa voglia dire per il cliente in termini di ammodernamento delle strutture interne all'azienda.

Per quanto riguarda la formazione del team che lavora nel mio ufficio, non ho nessun problema nel dire che - senza giri di parole - questo è un aspetto che non posso assolutamente trascurare. In Italia non ci sono tantissimi sviluppatori di RPA, per i motivi che già sopra ho provato a descrivere. Il primo problema, per me, è dover prendere a lavorare qui con me persone giovani, con poche competenze, doverle formare e seguirle con attenzione fino a quando sono totalmente indipendenti per seguire un progetto specifico. Il secondo nasce in conseguenza diretta rispetto al primo: quando i giovani che vengono qui a lavorare ritengono di essere sufficientemente formati e di potersi muovere anche senza stare sotto il cappello "Vincix Group", inseriscono i loro

RPA per tutti – di Vincenzo Marchica

curriculum nelle piattaforme giuste e nel giro di pochi giorni sono già chiamati da altre aziende. Basta scrivere sul proprio profilo LinkedIn di essere uno "sviluppatore RPA" e le offerte fioccano di continuo, per cui il lavoro è assicurato. Per me, però, è il contrario. Nel momento in cui uno sviluppatore dà le dimissioni, devo correre per prendere qualcun altro che svolga gli stessi compiti di quello che è andato via, ovviamente senza una formazione di base.

Cerco di non far mancare momenti in cui cerco di far vedere al mio team qualcosa di importante e tentiamo di organizzare dei brainstorming utili per crescere nelle competenze. Una cosa è certa: sono molto esigente con i nuovi sviluppatori che vengono alla Vincix per imparare un lavoro come questo. In questi anni ho visto tanti giovani varcare la soglia del mio ufficio. Nell'insegnare il lavoro che svolgo c'è una necessaria prima fase dedicata all'apprendimento di quello che si deve fare. Occorre imparare un lavoro nuovo e, per me, questo significa che occorre impegnarsi molto di più del normale, metterci molto tempo e molto sforzo. Non ci si può comportare come un professionista affermato, ma occorre avere fame di sapere e di conoscere i segreti del mestiere. Parlando del mio lavoro, da un "giovane" mi aspetto sempre molto impegno, molta dedizione e capacità di sacrificarsi. Non ci si può sentire arrivati e pronti il primo giorno che si inizia a lavorare nella RPA. Dai ragazzi, mi aspetto un atteggiamento che denoti umiltà, voglia di apprendere e buona volontà.

Ho sempre preferito persone che, pur nell'incertezza e nella quasi totale ignoranza, sanno svolgere un incarico a quelli che invece, pur avendo le conoscenze, non hanno alcuna voglia di impegnarsi a fondo per conseguire un risultato positivo.

29

Parte seconda

LO STRANO LAVORO

Capitolo 7: RPA: cos'è?

Tecnicamente la RPA, acronimo che sta per Robotic Process Automation, va oltre la semplice idea di automazione di processi così come avevo iniziato a fare durante il mio periodo in Fastweb. Per RPA si intende l'utilizzo di diversi strumenti e piattaforme aventi il fine di automatizzare, attraverso dei robot software, processi di business caratterizzati da procedure ben definite e ripetibili su dati mediamente strutturati. Questi robot riescono a eseguire in modo automatico attività ripetitive "imitando" il comportamento degli operatori e interagendo con sistemi applicativi informatici allo stesso modo in cui svolgono il loro lavoro gli esseri umani. C'è di più: se con l'automazione si riuscivano a creare robot che lavorassero essenzialmente su dati ben strutturati e su applicativi principalmente web, con la RPA si è superato questo scoglio perché il robot è in grado di gestire anche dati che provengono da documenti scannerizzati, immagini o i testi delle email e lavorano su qualsiasi interfaccia grafica. Mi piace dire che i robot RPA sono onnivori.

Quando spiego cosa sia la RPA mi piace essere semplice ed essenziale. A mio parere, la spiegazione più convincente da cui partire per far capire cosa sia la RPA è quella che, in qualche modo, dà una prima indicazione sul ruolo che essa può avere per una persona singola: non è semplicemente un software che

RPA per tutti – di Vincenzo Marchica

installo in un computer in modo che faccia tutto quello che non si riesce umanamente a fare, bensì la ritengo come il "collega virtuale" che sta nella scrivania accanto e che svolge le attività che un essere umano non vuole fare o che non ha il tempo di fare.

Molto spesso accade che, in un'azienda, ci siano alcune persone che svolgono lo stesso lavoro ripetitivo per anni o che, per sbrigarsi e toglierselo dalle scatole, lo svolgono con poca competenza e non nel modo migliore. Il lavoratore forse non se ne rende conto, ma questo modo di lavorare sta danneggiando l'azienda per tre motivi: 1) un lavoro che poteva essere concluso prima si trascina per anni e costringe l'azienda a rallentare i suoi processi di business in attesa che quell'attività arrivi a compimento; 2) l'azienda spende più soldi del previsto, in termini di forza lavoro e di materiali per portarlo avanti, per un lavoro che poteva essere concluso molto prima e con il minimo sforzo. 3) la qualità e l'accuratezza delle lavorazioni ne risentono a causa di un controllo a campione piuttosto che un controllo a tappeto.

Con questo non voglio dire che il robot sia un essere perfetto, che non sbaglia mai. Anzi, un robot si comporta come un essere umano e può anche combinare qualche errore grossolano. Posso, però, affermare in tutta onestà che un robot quasi sempre riesce a svolgere in minor tempo un lavoro che un essere umano farebbe forse con più attenzione, ma sacrificando giorni e giorni di lavoro.

Un altro esempio che posso fare è indicativo del rapporto che c'è fra lo svolgere un lavoro ripetitivo e la conseguenza del delegarlo a un robot. Ritengo che la portata innovativa della RPA nel mondo delle professioni e del mercato aziendale sia pari a quella che c'è stata in passato quando si è passati dall'avvitamento manuale dei bulloni all'utilizzo dell'avvitatore elettrico. Chi aveva il compito di

RPA per tutti – di Vincenzo Marchica

avvitare bulloni in un'azienda non avrà visto di buon occhio il cambiamento occorso al momento in cui venne introdotto l'avvitatore elettrico. Molti avranno pensato di perdere il posto di lavoro a discapito di una macchina; ma le aziende più intelligenti non possono licenziare di punto in bianco una persona su cui hanno riposto la loro fiducia. Così è accaduto spesso che, agli operai che venivano sostituiti dalle macchine, venissero affidati nuovi compiti e nuovi ruoli all'interno dell'azienda. Una promozione, e non un licenziamento.

Cambiando leggermente prospettiva, ritengo che la RPA presupponga un cambiamento di mentalità da parte di chi dirige l'azienda e anche da parte di chi ci lavora all'interno. Spesso sento dire che la RPA significa solo "licenziare persone", viene vista come lo strumento del diavolo per ridurre i costi delle risorse umane e riuscire a superare, in questo modo, i momenti di crisi dell'azienda, nell'attesa che torni il sereno. Come ho già detto in precedenza, una visione di questo tipo può essere anche lecita da chi la vede da fuori, ma non corrisponde alla realtà dei fatti. Bisognerebbe vedere la RPA come l'atto di mettere accanto ai lavoratori già presenti un'entità robotizzata (quello che ho già chiamato "lavoratore virtuale") al quale si fanno svolgere i lavori più monotoni o ripetitivi, quelli che appare assurdo possa svolgere per tutta la vita un essere umano.

Stiamo parlando di valorizzare i propri dipendenti facendogli fare quello che i robot RPA non sono in grado di fare, come ad esempio effettuare una trattativa con un cliente o un fornitore, trovare una soluzione creativa ad intoppi burocratici o tecnici, e soprattutto cogliere gli aspetti emotivi che possono portare al successo un deal o un claim. Gli esempi possono essere veramente tanti e non posso certamente elencarli tutti, ma quello che riporto di seguito può darvi un'idea concreta.

Un dipendente di un'assicurazione che deve gestire un sinistro, con il supporto di RPA ed in questo caso anche un pizzico di AI, si ritroverà la pratica già "normalizzata", il robot avrà recuperato tutti i dati necessari all'analisi, avrà fatto confronti con pratiche simili, avrà ricercato problemi burocratici o legali e nel caso ne darà evidenza, avrà fatto il controllo che siano presenti tutti i documenti e nel caso avrà in automatico chiesto l'invio. Tutto questo permetterà all'umano di concentrarsi solo sulla risoluzione del sinistro e non dovrà perdere tempo in quello che è stato già fatto dal robot. Di fatto il lavoro risulterà più efficiente, più veloce ma soprattutto più soddisfacente per la persona che coglierà il suo valore aggiunto.

Un robot non si lamenta se svolge lavori poco gratificanti, mentre per un essere umano questa è spesso la prima causa di depressione o di remissione personale rispetto alle proprie motivazioni o idee di poter svolgere un lavoro fatto bene e con un minimo di piacere. Mi è capitato spesso di ascoltare lamentele da parte delle aziende in merito ai rapporti con i fornitori. Spesso accade, infatti, che l'ufficio acquisti di un'azienda entri in contatto molto di frequente con i fornitori e che si possano svolgere i cosiddetti "balletti di documento", per cui un fornitore manda un determinato documento all'ufficio acquisti e la persona che lavora in questo ufficio si rende conto che il documento è sbagliato. La persona rimanda il documento al fornitore. Il fornitore legge il messaggio e rimanda il documento. L'ufficio acquisti nota che il documento è giusto, ma è scaduto e deve rimandarlo al fornitore. Il fornitore recepisce il messaggio,

RPA per tutti – di Vincenzo Marchica

rimanda il documento e questa volta manca la visura camerale. L'ufficio acquisti rimanda indietro il documento con una punta di fastidio...e il ballo ha fatto perdere almeno un paio di giorni, oltre ad aver diminuito la serenità della persona che lavora all'ufficio acquisti di quella determinata azienda.

Queste che ho descritto sono tutte attività che hanno un valore aggiunto pari allo zero, sono solo un'infinita seccatura. Se ci fosse un robot a presidiare questo tipo di attività, credo che ci si risparmierebbero le seccature e i commenti stizzosi di coloro che devono seguire queste procedure fino alla loro perfetta conclusione. Il robot sa svolgere bene queste attività "noiose", non si stanca di farle, se un documento non è corretto lo rimanda indietro automaticamente anche duecento volte al giorno se fosse necessario. Ti assicuro che non ho mai visto o sentito un robot sbuffare per svolgere un lavoro al quale lo avevo programmato. Anche se un cliente dovesse sbagliare venti volte l'invio di un documento, il robot risponderà per venti volte facendo notare l'errore. E sono certo che, alla fine, vincerà il robot, anche solo per sfinimento del cliente distratto. Così, dopo aver delegato tutto questo infinito balletto alle cure del robot, il dipendente avrà tempo di fare altre cose per rendere i rapporti sempre più stabili e definitivi.

Il robot che si è costruito appositamente per svolgere quel determinato compito è schematico. Gli si dice di fare una cosa? Lui la fa senza lamentarsi. Mi viene in mente il film "Forrest Gump", quando il personaggio interpretato da Tom Hanks ricorda che era un soldato perfetto perché quando gli dicevano di fare una cosa la faceva senza chiedersi perché, come e se avesse senso. Ritengo che il robot al centro di ogni progetto di RPA per un'azienda sia come il soldato perfetto descritto dal film. Su questo punto, quando parlo con i miei clienti e sono nel momento in cui devo introdurre il discorso e di presentare l'attività che stiamo per progettare, dico sempre di vedere il robot come un collega al quale si vogliono appioppare tutti i lavori più antipatici, con la certezza che esso non li manderà mai a quel paese e non gli righerà la macchina per questo motivo.

La RPA presuppone, quindi, un cambio di mentalità. Un cambiamento che tocchi le corde più profonde di ogni entità, personale o aziendale. Come si può intuire da quanto detto in queste pagine, la RPA è utile sia al singolo professionista che all'intero corpo aziendale. C'è bisogno, però, di una predisposizione al cambiamento.

Molto spesso quando si parla di cambiare un processo, una procedura o il modo di lavorare, si può avere a che fare con persone che si impegnano a trovare varie giustificazioni per non procedere o a provare ad ostacolare il cambiamento. La terribile frase che al solo sentirla o scriverla mi si gela il sangue nelle vene è: "si è sempre fatto così!". Una frase come questa fa da scudo contro ogni proposta di cambiamento. Se un'azienda va in crisi per colpa del "si è sempre fatto così", vuol dire che quell'azienda deve porsi qualche domanda in più e capire che, in questo modo, rischia di restare indietro nel tempo e di diventare sempre meno competitiva rispetto alle altre aziende concorrenti nello stesso settore.

La RPA è indice di cambiamento. Il mio problema principale, nello svolgimento del lavoro quotidiano con i clienti, è proprio quello di convincere la gente a cambiare e che il cambiamento, così come glielo propongo, genera benefici. Non è solo questione di soldi o di paura del futuro: il maggiore ostacolo per la RPA è proprio la mancanza di fiducia e coraggio delle aziende e dei singoli.

Le persone che non hanno paura di perdere prestigio professionale, che sono sicure del loro valore, sono quelle che hanno una maggiore fiducia nel cambiamento. Sanno che svolgono un lavoro facilmente affidabile a un robot, ma non ne sono spaventati. Anzi, vedono l'opportunità di cedere il lavoro a una macchina come l'occasione giusta per sviluppare una seconda fase del loro prestigio professionale, che prima non potevano prendere in considerazione per mancanza di tempo. So, per esperienza diretta, che in Arabia Saudita la RPA è presa fortemente in considerazione e sviluppata non tanto perché in questo modo le aziende risparmiano sul personale, quanto perché chi lavora vuole uscire prima dall'ufficio, lavorare il meno possibile per godersi maggiormente la vita, la famiglia, i figli, i passatempi. Questa dovrebbe essere, anche in Italia, la vera prospettiva per investire in progetti di RPA e renderla, in poco tempo, più comune e facile da conoscere, alla portata di tutti.

Capitolo 8 - RPA: perché?

Con tutte le premesse sviluppate nel capitolo precedente, appare evidente quale sia il motivo principale per decidere di partire con un progetto di RPA. Essa promette risparmi rilevanti di tempo e di denaro. Sotto il primo aspetto, "teoricamente" la RPA sviluppa software automatici in grado di funzionare ininterrottamente ventiquattr'ore su ventiquattro e sette giorni su sette, non hanno bisogno di alcun tipo di riposo e non perdono la concentrazione durante il loro lavoro prolungato. Per quanto riguarda il secondo aspetto, guardando in modo specifico ai risultati di un progetto di RPA, si possono raggiungere riduzioni del 100% dei costi di manodopera nei processi aziendali, con tassi di errore trascurabili nello svolgimento dei compiti e dei processi e pertanto un sensibile aumento della qualità. Il tutto, ovviamente, se l'automazione progettata è supportata da un sistema RPA ben costruito, implementato e controllato.

Nella mia esperienza come progettista e sviluppatore RPA ho sempre notato come l'idea di automatizzare tutta una serie di attività sia un'arma a doppio taglio nelle mani di un'azienda: da una parte c'è l'esigenza di togliere tante attività stancanti e noiose che possono essere facilmente delegate a un robot; dall'altra, però, c'è il rischio di rendersi conto di quale sia davvero la situazione di una società, di quanti errori siano stati o vengano ancora commessi nella gestione di alcuni processi, e di come si potrebbe aumentare la produzione e risparmiare sui costi se solo venissero a cambiare alcuni modi di lavorare.

Posso affermare, senza alcun dubbio, che la RPA aiuta le aziende a risparmiare anche centinaia di migliaia di euro l'anno e questo dipende essenzialmente da due elementi che spesso vengono trascurati: 1) il controllo sulle attività degli esseri umani; 2) il controllo delle frodi e dei piccoli errori che, sommati, fanno perdere un sacco di soldi alle aziende.

Per quanto riguarda il primo punto, il risparmio che deriva dall'affidarsi a un progetto di RPA dipende tutto dal fatto che viene affidato un lavoro a un robot. L'operatore umano, per quanto attento e formato, arriva fino a un certo punto; il nostro cervello non ci consente di lavorare ininterrottamente per tante ore di fila, ma abbiamo bisogno di qualche pausa per ricaricarci e riprendere a lavorare, una pausa per scambiare due chiacchere, il weekend per riposarsi assieme alla famiglia, le ferie natalizie ed estive, le semplici ore notturne per riprendersi da una giornata dura e intensa...

Al robot tutto questo non interessa, perché il robot tendenzialmente può lavorare all'infinito, finché non gli si dice "stop". Quando un essere umano lavora in modo ripetitivo, è normale che avvengano degli errori, anche piccoli e quasi intangibili. Parlando di società enormi, appare evidente che un errore di mille euro è difficile da cogliere e passa anche indisturbato; se, però, quella stessa azienda ha un sistema centralizzato e robotizzato di controllo delle attività svolte in un mese, gli errori saranno facilmente evidenziati. Venti errori da mille euro che vengono evitati sono un evidente risparmio di ventimila euro. Questo discorso è difficile da far capire a quelli che ritengono la RPA una perdita di tempo o una minaccia per il loro posto di lavoro. Mi è accaduto una volta che, durante una riunione in cui stavo presentando un progetto, per mostrare quello che avrei implementato nell'azienda feci vedere un robot in azione. Una persona dell'azienda, guardando l'attività compiuta in automatico, è arrivata a dirmi di essere molto più veloce lei del robot che avevamo creato. Io risposi che non era quello il punto... E non volli controbattere. Di norma queste obbiezioni si estinguono da sole davanti alle statistiche di un progetto ben progettato.

Sul secondo aspetto, strettamente collegato al primo, posso dire che un progetto di RPA fatto nel modo migliore aiuta anche a combattere le frodi ai danni dell'azienda. Un esempio di qualche anno fa è questo: mi chiesero di realizzare un automa che raccogliesse tutte le consuntivazioni di alcuni fornitori e ne verificasse la correttezza. Per calcolarne le veridicità il robot doveva accedere a diversi sistemi e fare una serie di controlli. Dopo un mese di controlli avevo registrato qualcosa come ventimila euro di false consuntivazioni. Rilasciammo in produzione l'automa ed estendemmo il perimetro, quell'anno feci risparmiare all'azienda poco più di trecentomila euro. Questo è il classico esempio per far capire che un progetto di RPA fatto bene porta benefici economici innegabili.

Rispetto ai progetti di automazione svolti dagli uffici IT, il vantaggio di un progetto di RPA sta nella sua rapidità di esecuzione e durata totale (un progetto non supera quasi mai i tre mesi di durata), la semplicità di questi processi e i costi poco elevati. Tutti i progetti di RPA possono essere avviati in tempi brevi, senza lunghe fasi di analisi precedenti, non necessitano del coinvolgimento di professionisti ed esperti IT, e non sono richieste attività di integrazione dei sistemi. Questi sono elementi che possono convincere facilmente l'azienda della necessità di automatizzare processi attraverso l'uso di una RPA fatta nel modo migliore.

Altro beneficio che la RPA porta alle aziende è quello in termini di produttività. Spesso mi è capitato di far partire progetti di RPA in alcune aziende nonostante il parere negativo di alcuni responsabili e, una volta tornato per controllare come stava andando, avevo notato come gli "oppositori" non lavorassero più per quell'azienda. Cos'era successo? Probabilmente l'incremento di qualità e quantità di lavoro tra quello che accadeva prima della RPA e dopo la stessa (70-80%), denotava il fatto che

RPA per tutti – di Vincenzo Marchica

precedentemente si lavorava di meno e con una bassa produttività. Se un robot svolge cento pratiche all'ora e l'essere umano solo dieci, la sproporzione è talmente alta che uno si può interrogare su cosa facesse in un'ora quel dipendente. Ovviamente ci possono essere mille motivi, ma in quel caso specifico il progetto RPA fece emergere una grande disorganizzazione.

Infine, come già scritto nelle precedenti pagine, la RPA ha un senso perché consente anche di migliorare la qualità di vita e di lavoro delle persone che vengono liberate dal compito di svolgere incarichi di bassa lega e ripetitivi nel tempo. Quindi, riassumendo, gli obiettivi e i benefici della RPA sono di natura etica, professionale ed economica.

Capitolo 9 - RPA: per tutti?

Chi legge potrebbe pensare: bene, quindi la RPA e i suoi servizi altamente vantaggiosi in termini di risparmio economico e aumento produttivo sono essenzialmente a favore delle aziende e degli imprenditori più scaltri a carpire i segreti per poter primeggiare nel mercato nazionale e internazionale...

Vorrei, in queste pagine, contraddire questo pensiero. O meglio, vorrei ampliarlo. Ritengo, infatti, che intendere la RPA come vincolata all'utilizzo aziendale sia una visione "parziale" del fenomeno, un modo di attaccare un'etichetta per lavarsi facilmente la coscienza e dire che non ci sono margini di utilizzo per i professionisti a partita iva o per i privati. Sono d'accordo sul fatto che i primi sostenitori della RPA provengano dall'interno del Business Process Outsourcing e dei servizi finanziari. Tuttavia, l'utilizzo della RPA può essere favorito, ad esempio, in alcuni settori quali la vendita al dettaglio, l'energia, i servizi pubblici, le telecomunicazioni e i sistemi di produzione. Come detto in precedenza, le soluzioni di RPA sono destinate a far svolgere a un robot le operazioni più comuni, quelle che un essere umano potrebbe svolgere con sempre minor attenzione perché estremamente ripetitive nel corso del tempo. Mi vengono in mente alcuni esempi istantanei: l'approvazione dei mutui nel settore bancario, le conferme d'ordine nel settore manifatturiero o nel settore dei trasporti. L'utilizzo di queste soluzioni libera il tempo degli operatori umani affinché vengano indirizzati ad attività diverse ed a maggior valore, riducendo in modo drastico il tempo necessario per completare le attività e il numero di errori nelle operazioni che vengono svolte.

La mia lunga ed intensa esperienza nel mondo della RPA mi spinge, però, ad ampliare questa riflessione e a introdurre un concetto che riprende una vecchia citazione di Bill Gates. Il magnate americano, all'inizio dello sviluppo massivo dei computer, aveva in mente un suo slogan personale: "Un computer per ogni scrivania". Il senso di questa frase era palese e significava il desiderio di controllare il mondo intero potendo far installare su ogni computer il proprio sistema operativo. Quello che venti anni fa era applicabile per Windows e per Bill Gates, ora potrebbe essere applicabile per la RPA e il suo futuro. "Un robot per ogni computer", è questo il passaggio necessario che la RPA deve fare per poter essere capita e apprezzata. Già adesso questa frase non è più una fantasia lontana nel tempo, ed è proprio per questo che ritengo la RPA un vantaggio per tutti, e non solo per le aziende e gli imprenditori più illuminati e meno paurosi di cambiare.

Sto parlando di un tipo di automazione che riguarda anche le professioni singole, le figure professionali più conosciute e che possono vedere, nella RPA, un'occasione per velocizzare il proprio lavoro e riuscire a trovare del tempo per affiancare, al lavoro vero e proprio, ad esempio un'attività di studio.

Prendo il caso della professione di avvocato, ma questo esempio potrebbe essere replicato per mille altre professioni.

Tra le attività di un avvocato c'è, ovviamente, quella di prendere visione di alcuni documenti prodotti da un tribunale, nonché l'invio di documenti per rispettare la tempistica dei processi che sta seguendo, sia in ambito civile che penale. Spesso accade che un avvocato debba sbrigarsi da solo queste pratiche, andando fisicamente al tribunale per leggere, documentarsi o depositare

42

documenti importanti ai fini della risoluzione del processo. I più fortunati, o almeno quelli che se la possono permettere, lasciano fare queste operazioni a una segretaria personale, che occupa il suo tempo nell'andare e venire dallo studio legale al tribunale e viceversa, e ogni tanto le tocca anche passare dall'ufficio postale per l'invio dei documenti. Questa è la realtà delle cose. Nella mia testa, invece, vedo un'altra possibilità: cioè che sia un robot a svolgere queste operazioni da remoto, che possa prendere i file da una cartella e spedirli all'indirizzo mail giusto o che li carichi sul portale del tribunale. Se pensiamo al robot come un lavoratore "virtuale" che lavora assieme a te, questo esempio della professione di avvocato non si discosta da quello che sto esprimendo ormai da parecchie pagine. Il robot è un compagno di lavoro che fa le pratiche al tuo posto, che invia documenti, che ti chiede se firmare o meno i documenti, che apre il programma per l'apposizione della firma, che prepara tutto prima dell'invio e ti chiede conferma di quello che sta per mandare. E mentre il robot prepara tutto, l'avvocato non deve pensare più a quella pratica e può dedicarsi a fare altro, a leggere altri documenti, a studiare un caso che deve affrontare in udienza, o semplicemente a riposarsi con la propria famiglia o con i propri amici.

Non escludo, poi, che sia l'avvocato stesso a crearsi questo robottino. Di sicuro un neolaureato che prenda presto l'abilitazione ha questa competenza in più, perché più andiamo avanti negli anni e più aumentano le competenze informatiche anche di chi non si è laureato in Informatica. Io ho dovuto studiare e lavorare parecchio prima di diventare un esperto di RPA, ma i cromosomi erano quelli già dall'infanzia. Se penso alle persone assolutamente negate per la tecnologia, appare chiaro il quadro della situazione: le generazioni precedenti non hanno questa

RPA per tutti – di Vincenzo Marchica

facilità di pensiero nell'approcciare con una realtà così innovativa come la RPA applicata ai servizi per la professione.

Conosco molti amici che svolgono la professione di insegnante nei vari gradi della scuola italiana. Un maestro elementare potrebbe utilizzare la RPA per sé stesso, per caricare alcuni determinati file sul portale della scuola, oppure per mandare un compito scolastico - una verifica - ai propri alunni, o ancora per verificare se ci sono state modifiche nella turnazione delle ore di scuola così come indicate nelle varie comunicazioni ufficiali o meno sul sito della scuola o sulla posta elettronica aziendale. In questo caso, il robot non svolge la funzione di ricordare i propri appuntamenti: il robot nella RPA non è come "Siri" o l'Ok Google che usiamo sui nostri smartphone. Nei nostri dispositivi, l'assistente vocale legge la nostra agenda personale e ci dice quello che dobbiamo fare, mentre nel caso di un robot nella RPA, il robot agisce su un computer esterno e va a cercare informazioni su un sito esterno, che contiene le informazioni che ci riguardano e di cui vogliamo avere notizia.

Certo, la RPA è - almeno sulla carta - alla portata di tutti. Sono, però, ben consapevole che creare un robot non può essere la soluzione definitiva a un problema, soprattutto se riguarda una professione come quella di avvocato o di insegnante. Non è possibile automatizzare la professione, ma si possono automatizzare tutti quei lavori collegati alla professione, quella serie di "scartoffie" che il professionista non può lasciare al proprio destino, perché gli impedirebbero di svolgere al meglio le questioni di lavoro. Per l'avvocato, queste "scartoffie" sono l'invio dei documenti, la firma, la ricezione di mail, la lettura e la scansione di alcuni documenti, l'analisi dei database, il recupero

RPA per tutti – di Vincenzo Marchica

di file importanti nelle banche dati. Provate a chiedere a una segretaria se è contenta di fare "solo" quei lavori...e poi chiedete anche al suo datore di lavoro se questi lavori secondari - solo in apparenza - vengono svolti al tempo giusto e nel momento giusto. Anche le segretarie più brave possono prendersi un giorno di permesso, possono stare male e uscire prima dall'ufficio, oppure metterci più tempo del previsto. E se queste attività non vengono svolte dalla segretaria per qualsiasi motivo, chi dovrà svolgerle? L'avvocato, ovviamente... con conseguenti perdite di tempo e rallentamenti nella propria organizzazione professionale. Il robot non è la soluzione, l'essere umano potrebbe fare al meglio questi lavori. Ma il tempo si allunga a dismisura e non si ha altro obiettivo giornaliero, tutto il resto passa in secondo piano.

Non si automatizza la professione, quanto i servizi alla professione, tutta quella serie di attività manuali e pratiche di gran lunga più noiose, che una persona farebbe in un tempo lunghissimo e senza particolare entusiasmo.

Un robot, come dicevo, non rappresenta la soluzione a tutti i miei problemi. Quello che, però, sto cercando di inculcare nelle persone è il pensarci, provare a vedere come migliorare il proprio modo di lavorare con questo aiuto non indifferente. È una presa di posizione, una scelta che non può passare inosservata, indice di attenzione verso il proprio lavoro e verso il futuro che avanza.

Ho partecipato recentemente a un convegno in cui si parlava dei legami tra RPA e l'intelligenza artificiale. Eravamo tutti d'accordo nel dire che l'unico lavoro che un robot non potrà mai sostituire, o che sarà molto difficile da sostituire, è quello che, al suo interno, presenta una forte carica emotiva, una sfera umana molto emozionale. Un robot può essere programmato nel modo

RPA per tutti – di Vincenzo Marchica

migliore possibile, venire riempito di funzioni e di compiti importanti che svolge alla perfezione, essere davvero il prodotto mostruoso della tecnologia capace di far strabuzzare gli occhi anche agli addetti ai lavori...ma non potrà mai avere la relazione, il contatto, l'emotività di un essere umano. Per tornare agli esempi pratici, la professione di insegnante non potrà mai essere rimpiazzata da un robot. La carica emotiva è troppo alta. Un maestro, un docente, un professore deve saper parlare ai propri alunni non solo con le parole, ma anche con lo sguardo. Se anche sostituissimo i docenti con dei robot che spieghino le lezioni, quando poi sorgerà un dubbio nella mente dell'alunno, il robot non si fermerà a comprendere il dubbio dell'alunno e non rispiegherà per farsi capire meglio. Un robot potrà sostituire un insegnante, per esempio, nella fase di correzione di un compito, soprattutto se il compito è a risposta multipla. Correggere un tema non è compito che si può affidare a un robot, perché un tema non è solo grammatica, bensì anche espressione culturale di un ragazzo, emblema delle sue emozioni.

Ho provato a spiegare, in poche parole, per quale motivo combatto ogni giorno per far conoscere la RPA a tutti. Di conseguenza, vorrei adesso indicare quali sono le caratteristiche essenziali per cui sento di dover promuovere l'utilizzo della RPA nella vita di tutti i giorni sia delle aziende che dei privati.

Quando un cliente mi commissiona lo sviluppo di un nuovo robot software che risponda a un suo desiderio di sveltire un processo e poter risparmiare economicamente a bilancio una buona cifra di euro, la prima cosa che dico ai ragazzi che fanno parte del mio team è sempre la stessa: facciamo finta che il robot che andiamo a creare risponda a una nostra esigenza personale. Dobbiamo realizzare un robot per un cliente pensando che, in fondo, lo stiamo realizzando per noi stessi. Solo avendo in mente questo aspetto possiamo entrare nella mente del cliente e risolvere la criticità che ci ha indicato.

Detto questo, io ritengo che siano almeno cinque le caratteristiche che la RPA possiede e che la rendono altamente appetibile alle aziende e ai privati che ne hanno bisogno.

La prima caratteristica è la VELOCITÀ. Credo sia già emerso come questa caratteristica sia alla base di ogni progetto di RPA e risponda ai desideri di tutti coloro che si sono rivolti a me in questi anni per risolvere problemi relativi alle lungaggini di alcuni processi aziendali molto costosi in termini economici e di risorse umane. Velocità, in questo senso, vuole essere il vero incentivo alla scelta di realizzare un robot che "sostituisca" l'essere umano in alcune funzioni. Nel suo vero significato, però, la velocità sta nel fatto che un progetto di RPA non dura più di tre mesi e che la parte centrale di un progetto sia la fase successiva alla realizzazione del robot, la sua implementazione, il controllo del lavoro nel corso del tempo.

Connessa alla velocità c'è la seconda caratteristica, la SEMPLICITÀ. Nonostante le malelingue dicano che sviluppare un progetto di RPA sia complicato, la realtà è che ci vuole molto poco per mettere in piedi un sistema di RPA capace di rispondere alle proprie esigenze. Lo sviluppatore di RPA, di fatto, programma molto poco. Il vero compito dello sviluppatore di RPA è quello di dare una risposta certa al suo cliente sul modo di rendere più agevole la realizzazione di quell'attività, qualsiasi possa essere il workflow, ovvero il modo di riuscirci, il flusso di lavoro che sta alle spalle di quel sistema di RPA. Realizzazione facile, quindi. Le due caratteristiche (velocità e semplicità) sono il vero punto di forza della RPA, soprattutto nel confronto con i primi progetti di automazione, quelli che venivano svolti alla fine del primo decennio degli anni Duemila. Andando avanti nel tempo, i sistemi di RPA diventeranno così semplici che sarà un gioco da ragazzi realizzare un robot anche per coloro che, al momento, non hanno grande dimestichezza con la tecnologia o la usano solo in modo personale e comune a tutti.

La terza caratteristica è la NON INVASIVITÀ. L'unica cosa che cambia, quando utilizzi un sistema di RPA, è il fatto che un robot svolge il lavoro al posto tuo. Non c'è alcuna necessità di stravolgere i sistemi in uso nell'azienda per adattarsi alla RPA. Non occorre sostituire o modificare il software, non si deve cambiare sistema informatico, non è necessario prevedere che l'ufficio IT sia al corrente dei cambiamenti in corso. Quello che l'azienda ha oggi ce l'avrà anche domani. Non ci sarà, però, più l'essere umano a svolgere quelle attività. Ci sarà un robot, e questo robot farà quello che l'imprenditore chiederà allo sviluppatore di RPA. Punto. Il robot non prende alcuna iniziativa di sua spontanea volontà, a meno che l'implementazione del sistema ritenga utile che al robot vengano affidati più compiti rispetto al livello iniziale. E poiché i progetti di RPA sono tutti di breve durata, quest'ultima possibilità è quella che diventa, in molti casi, la normale realtà dei fatti.

La quarta caratteristica è la TRASPARENZA. Questa parola si presta spesso a non essere compresa fino in fondo. Quando parlo di trasparenza, il concetto ha due sensi unici possibili: da una parte c'è la trasparenza delle attività compiute dal robot, per cui il cliente sa sempre quello che viene fatto perché, oltre a raccontarglielo noi e a preparare il software che poi girerà sul computer dell'assistente virtuale, può vederlo direttamente, in prima persona; dall'altra parte, la trasparenza indica che il lavoro svolto dal robot ha tutte le caratteristiche previste, per cui al cliente non interessa se il robot sta lavorando o meno. Il duplice significato della trasparenza ha un elemento comune: la RPA si muove e si svolge sempre alla luce del sole, non ci sono dettagli segreti che solo gli sviluppatori conoscono e non ci sono frodi nascoste con l'unico scopo di fregare il cliente su qualche aspetto in particolare. Ho già espresso nella prima parte - e molto probabilmente lo farò ancora nelle prossime pagine - che la RPA è pensata e realizzata per essere di supporto al cliente e non per raggirarlo. Quindi ben venga la trasparenza se riesce a convincere il cliente della bontà dei progetti di RPA e della necessità della sua diffusione.

L'ultima caratteristica, che ricalca quanto già scritto per la velocità, è la TEMPESTIVITÀ. Qualche anno fa, i progetti di digital transformation erano sulla bocca di tutti perché venivano considerati come esempio del futuro che avanzava. Oggi, grazie alla RPA, quel periodo è ormai un lontano ricordo, un passaggio obbligato ma che, grazie a Dio, non è più attuale. Quei progetti erano così complessi e basilari che i primi risultati della implementazione digitale potevano essere osservati e captati solo dopo un periodo minimo di dodici mesi dall'inizio del progetto. Un tempo lunghissimo. È impensabile che un cliente riesca ad aspettare così tanto per vedere premiati i frutti della sua scelta di innovare il modo di lavorare della sua azienda e di alcuni settori in particolare. I risultati di un progetto di RPA si vedono già dopo un mese dall'inizio, al massimo dopo tre mesi. Non di più. Se per un risultato devo aspettare anche sei mesi, ciò vuol dire che quel progetto di RPA non sta girando nel modo migliore, che ci sono molti intoppi, che non è stata fatta una buona fase di analisi prima di far partire il progetto. La tempestività è il vero obbligo di un progetto di RPA. Rende felici sia gli sviluppatori dei software che gli imprenditori. Nell'epoca del "tutto e subito", la RPA si contraddistingue perché, se fatta bene, mantiene sempre quello che promette. Se, in molti casi, la fretta è davvero "cattiva consigliera", per un'azienda che vuole aumentare la sua produttività e non essere messa in secondo piano dai suoi competitors in quella particolare fetta di mercato, la fretta è il pane quotidiano per poter sopravvivere e mettersi in mostra davanti all'opinione pubblica e ai suoi più affezionati clienti.

Capitolo 10 - RPA: le criticità

Non è sempre tutto oro quello che luccica. Questo semplice proverbio, banale nel suo significato più essenziale, vale anche per la RPA. Chi ci lavora ogni giorno sa bene che, prima di poter arrivare a definire un progetto di RPA, ci sono molti ostacoli che devono essere superati. Il doverli superare pone qualche piccolo problema e allunga i tempi di realizzazione dei progetti. È come se un meccanismo si inceppasse all'improvviso, senza che uno riesca ad accorgersene per tempo.

Quello che blocca lo sviluppo della RPA in Italia, ad esempio, è un insieme di problemi che hanno varia natura: sono problemi di carattere tecnico, economico, amministrativo e culturale. Partendo dai problemi di natura più tecnica, la RPA di fatto non può assemblare decine di robot tutti assieme che riescano ad automatizzare processi diversi e intersecati tra loro. É quello che si chiama "problema di scalabilità": è facile creare un solo robot che automatizza un processo o un numero limitato di processi simili, mentre appare più difficile creare un ecosistema di tanti robot messi assieme. Le statistiche ci dicono che solo uno scarso dieci percento di aziende che ha adottato soluzioni di RPA è andata oltre la creazione contemporanea di una cinquantina di robot.

Un altro problema "tecnico" riguarda gli strumenti e le soluzioni migliori per poter portare avanti un progetto di RPA. Nonostante l'automazione non sia un concetto essenzialmente nuovo, la RPA sta vivendo solo in questi ultimi tre anni una fase di veloce evoluzione. Come ogni evoluzione in corso, gli strumenti che si possono scegliere per fare RPA sono ancora in fase di ristrutturazione e ciò che può sembrare innovativo all'inizio del progetto, può risultare già vecchio dopo tre mesi. Personalmente, quando porto avanti progetti di RPA con alcuni clienti, spesso la versione iniziale del robot che ho creato deve essere già modificata quando si entra nella fase del controllo successivo all'implementazione del robot. Per cui già sei mesi dopo ho lavorato alla fase 2.0 o 3.0 di quel software che mi è stato chiesto dal cliente, perché vedo con i miei occhi che deve essere aggiornato. Quando si aggiorna un tool, bisogna stare molto attenti a quello che si è già creato, perché non è assurdo pensare che un aggiornamento (patch) di una piattaforma possa minare tutta l'architettura RPA che è stata realizzata faticosamente e dopo un periodo di lavoro e di studio molto intenso.

Saltando dai problemi tecnici a quelli amministrativi, la natura di un progetto RPA ha bisogno di tutte le facilitazioni possibili per installare l'assistente virtuale sul computer che lavorerà al posto dell'essere umano senza che ci siano intoppi a bloccarne il funzionamento. Se, come ho già scritto precedentemente, un robot deve poter lavorare ventiquattro ore al giorno e sette giorni su sette, ciò significa che devo poter controllare quel computer da remoto ed evitare che ci siano blocchi inaspettati che vanifichino tutto il lavoro fatto fino a quel momento.

Capita spesso che, ad esempio mentre sto sviluppando un progetto di RPA, io debba installare una libreria virtuale o un qualsiasi programma...per poter procedere a queste installazioni ovviamente devo essere in possesso di tutti i diritti amministrativi per poter agire in base al mio piano di lavoro, senza dover fare continuamente richieste al datore di lavoro. Così, il caso che scrivo è accaduto veramente, spesso mi trovo nella situazione di dover installare Office sul computer e mi scontro con politiche aziendali che impediscono di poter installare il programma di scrittura o Excel sulle macchine virtuali. Pur non comprendendone la ragione, devo fermarmi davanti a questo ostacolo temporaneamente insormontabile. I problemi sono tantissimi e riguardano ogni possibile aspetto del lavoro del robot. Non si può far accedere il robot alle cartelle condivise, non si possono creare pagine web, non si possono consultare liberamente alcuni tipi di database, e così via altre situazioni simili. Esiste una lunga casistica di complicazioni burocratiche e amministrative che vengono sottovalutate sin dall'inizio, per cui già all'avvio dei progetti si presentano blocchi insospettabili, nemmeno presi in considerazione nella fase delle contrattazioni e degli scambi di opinioni dei primi giorni. Ho partecipato a molte riunioni in cui l'unico argomento era come affrontare e risolvere i mille problemi burocratici che ostacolavano l'avvio di un progetto di RPA.

Un buon progetto di RPA - e credo che poter definire "buono" un progetto di RPA non sia una questione così banale - deve affrontare e risolvere, sin dall'inizio, una serie di eccezioni, pezzo dopo pezzo, mese per mese. I problemi di natura burocratica rallentano la realizzazione del progetto. Il rischio è quello di tornare a svolgere un progetto "alla vecchia maniera", ovvero con mesi infiniti di analisi e poche settimane di sviluppo. Un progetto di RPA deve affrontare subito i problemi amministrativi e poi quelli tecnici al mezzo. Poiché ormai sono abbastanza esperto di quale piega può prendere un progetto di RPA, questo è il primo argomento che tratto con un cliente interessato a utilizzare la RPA nella sua azienda. Sono arrivato alla conclusione che i problemi sorti durante il progetto possono essere evitati alla radice: non è raro che, per risolvere tali questioni, la mia società offra ai

RPA per tutti – di Vincenzo Marchica

potenziali clienti delle macchine virtuali *"ready to use"*, pronte all'uso, sistemate nel modo migliore possibile seguendo tutte le indicazioni tipiche di un progetto di RPA. Questa possibilità, in cui siamo noi a lavorare sulle macchine e molto più raramente il cliente stesso, ci consente di non perdere tempo nel momento in cui vengono a galla i mille problemi e, al cliente, danno l'opportunità di non perdere competitività e quote di mercato.

I problemi economici sono quelli tipici di un servizio che non ha molti anni di storia e che, all'epoca attuale, risulta a molti ancora un terreno sconosciuto. Oggi sviluppare un software di RPA costa mediamente all'anno tra i quindici e i ventimila euro. Al momento, la RPA è un servizio veloce, semplice, tempestivo, non invasivo, trasparente ed economico. Le aziende vogliono andare sul sicuro e risparmiare dove possibile, per cui occorre offrire loro tutte le garanzie necessarie per non aggravare ulteriormente il loro bilancio. La Vincix Group ha provato ad affrontare anche questo ostacolo, cercando di venire incontro alle esigenze dei clienti. Quando capiamo che l'azienda, pur volenterosa, non ha una idea precisa di quelli che saranno i benefici economici dell'affidarsi a un progetto di RPA, può affittare un robot creato da noi. In questo caso il robot è creato "as a service", a servizio, e la Vincix rimane titolare della licenza, affittando poi il robot all'azienda disposta a pagare un canone di affitto. Ovviamente anche noi dobbiamo sfruttare la convenienza di questo accordo: una licenza da novemila euro possiamo ripagarla se affittiamo il robot a dieci clienti e al prezzo di mille euro l'uno; se ci sono pochi affittuari andremmo in perdita. Facendo in questo modo, dunque, il cliente non deve più spendere novemila euro di licenza all'anno, ma solo i suoi mille di affitto. Tutto questo che ho scritto è adatto alla situazione presente. La RPA non è ancora conosciuta, ma nel

RPA per tutti – di Vincenzo Marchica

momento in cui questa diverrà comune, ecco che gli accordi come quello descritto poche righe fa non avranno più ragion d'essere. L'abbassamento del prezzo renderà il servizio più comune. Quando arriverà quel momento, probabilmente io starò già facendo qualche altra cosa nella mia vita. Qualcuno potrebbe pensare che stia barando, ma tutto quello che voglio è che la RPA venga diffusa al più presto e diventi terreno comune a tutti, esperti e non.

Infine, ecco i problemi culturali e organizzativi. Lo sviluppo della RPA in Italia pone questioni organizzative complesse. Qualsiasi automazione impatta sul lavoro delle persone coinvolte nei processi automatizzati, e questo genera la già citata resistenza al cambiamento. Il problema culturale sollevato da alcuni intellettuali nei confronti dei lavori digitali e della digital workforce costituita, tra i tanti, anche dai progetti di RPA, è quello della paura di perdere il lavoro e di togliere una buona quota di lavoratori "inutili" dal posto di lavoro. La RPA viene vista come la tagliola, in grado di ridurre del 50% i posti di lavoro e far respirare le aziende. Molte analisi indicano che la RPA crea più posti di lavoro di quanti ne elimina, ma questo non significa che le dicerie siano tutte infondate. Si fa presto a dire "ricollochiamo il lavoratore su compiti nei quali potrebbe dare maggiormente il suo apporto". Quando il robot sostituisce l'essere umano in una parte dei compiti che prima esso aveva, la ricollocazione del lavoratore su altri compiti presuppone una strategia organizzativa da parte dell'azienda tale per cui il dipendente abbia la possibilità concreta di essere impiegato in altro modo.

Altro problema organizzativo che si pone all'azienda riguarda il controllo di qualità. Mettere un robot a svolgere un compito che

RPA per tutti – di Vincenzo Marchica

prima era competenza dell'essere umano non significa lasciare il robot al suo destino e ritagliarsi, quando possibile, uno spazio per altri incarichi. Anche nelle aziende più automatizzate, rimane stabile la posizione di chi deve controllare l'operato generale di un ufficio o delle persone a lui sottoposte. Se il robot è il collega virtuale che può anche commettere errori, ciò vuol dire che non si può abolire a prescindere il controllo sulla qualità dell'operato svolto. Occorre specializzarsi, migliorare nel tipo di impiego svolto. In questo l'azienda gioca un ruolo fondamentale, perché ha l'obiettivo di valorizzare i suoi dipendenti migliori che, a causa o per colpa del robot, non svolgono più il loro lavoro abituale.

Da quanto detto in questo capitolo risulta evidente come la RPA sia ancora una evoluzione da prendere con le molle e come sia importante far capire a tutti che il fulcro centrale della RPA non stia tanto nel risparmio economico quanto nell'aspetto etico di aiuto allo svolgimento preciso e puntuale del proprio lavoro.

Capitolo 11 - RPA: un impegno quotidiano

Dopo aver parlato tante volte di cosa sia un progetto di RPA, quali siano le sue caratteristiche e l'impegno celato dietro ogni aspetto analizzato, devo riservare una parte di questo mio scritto alla descrizione del lavoro che si svolge nel mio ufficio e di come seguiamo il cliente passo dopo passo in tutta la durata di un progetto di RPA per l'azienda interessata.

Le fasi di un buon progetto completo di RPA sono essenzialmente dieci.

1 - Approccio con il cliente.

Questa è la primissima fase del lavoro. Prendiamo contatti con un cliente che ha dimostrato disponibilità a interessarsi di cosa sia la RPA e come possa utilizzarla nel suo lavoro. Cerchiamo di fargli capire cosa sia la RPA e che ruolo può svolgere a suo favore. L'approccio in questione è un approccio a metà tra la teoria e la pratica. Quando ci presentiamo alle aziende, di solito racconto alcuni aneddoti positivi - casi di successo - che servono a tranquillizzare il cliente, a fargli capire che di noi si può fidare.

2 - Comprendere quali siano le esigenze del cliente.

In questa fase è il cliente ad aprirsi a noi, a descriverci quale sia la sua reale esigenza, quella a cui vuole poter dare una soluzione. Un esempio concreto di esigenza: il cliente deve caricare al mese un certo numero di DURC (il documento unico di regolarità contributiva) sul suo SAP (uno dei software gestionali maggiormente utilizzato dalle aziende). Questo è un lavoro che chiunque potrebbe svolgere. Un lavoro ripetitivo, che un essere umano farebbe magari all'inizio con molta attenzione e poi con sempre meno partecipazione emotiva. Quando abbiamo un'esigenza concreta, che riteniamo sia utile che venga analizzata per capire se può essere automatizzata, passiamo alla fase successiva.

3 - Mappatura delle attività già compiute.

Dobbiamo, anzitutto, renderci conto di come il cliente sta dando risposta a quella esigenza che ci ha indicato. Vogliamo prendere visione di quello che fa e di come lo fa. È la fase di analisi o assessment, che non può andare oltre le tre settimane massimo di lavoro. In questa fase andiamo a disegnare quello che è già in

RPA per tutti – di Vincenzo Marchica

essere all'interno dell'azienda, l'AS-IS (come è ora). Capire "come è ora" vuol dire, in concreto, affiancarsi al cliente, analizzare in quanto tempo svolge quel compito che ha chiesto di automatizzare, varie attività di controllo e analisi che poi saranno utili nella fase successiva.

4 - Analisi di quello che possiamo automatizzare.

Una volta conclusa la fase precedente, procediamo alla mappatura del processo e cerchiamo di capire cosa automatizzare e dove. Quindi, se il processo prevede una decina di attività, cerchiamo di capire se sono tutte interamente automatizzabili o se, all'interno di questo lungo processo, ci siano fasi decisionali che debbano essere obbligatoriamente lasciate all'essere umano. Lo sforzo di questa fase è quello di pensare come se fossimo già davanti al robot, cercando di capire cosa potrebbe fare in concreto. Se il processo prevede una sequenza ben precisa di azioni, dobbiamo provare a pensare il modo in cui riusciamo a coinvolgere il robot all'interno di una di queste sequenze, dandogli punti certi e comandi precisi che rispettino le fasi e le sequenze già standardizzate. È la fase più delicata, almeno all'inizio. È la standardizzazione e strutturazione del processo in modo digitale, con l'obiettivo di far sparire o diminuire le variabili umane. Con quest'ultimo risultato possiamo avanzare di un passo nella realizzazione del nostro lavoro a favore del cliente.

5 - Prima proposta al cliente delle attività automatizzate.

Se prima c'è stata una necessaria fase in cui abbiamo analizzato le odierne attività compiute dal cliente, quando il robot è concepito nelle sue funzionalità di base lo proponiamo al committente, facendo vedere il "TO-BE" (quello che sarà). È un

RPA per tutti – di Vincenzo Marchica

primo approccio alle funzioni che il robot svolgerà, per cui è necessario che il cliente cominci ad entrare nell'ottica di capire bene in che modo la sua attività ne riceverà benefici positivi analizzando il modo in cui questo robot svolgerà i suoi compiti.

6 - Il cliente compara le due attività (AS-IS – TO-BE).

Fatta la proposta, il cliente inizia a valutare l'operato del robot in modo da capire dove sia il vantaggio. È importante, in questa fase e in quella precedente, far toccare con mano al cliente la rapidità con cui gira il processo attraverso gli strumenti di RPA. Ovviamente, le due attività (quella svolta precedentemente e quella che il robot farà) dovranno avere dei punti in comune, momenti in cui le due azioni svolte dall'essere umano e dal robot combacino. Inizio, punti cardini della domanda e conclusione del processo devono necessariamente combaciare: per fare un esempio, se il processo svolto dall'essere umano prevede che si prenda un elenco di dati da SAP, anche il robot prenderà questi stessi dati da SAP. Può accadere, al massimo, che se il robot si rende conto che quegli stessi dati sono presenti in una cartella condivisa già scaricata, non andrà più a prendere i dati in SAP ma li estrarrà da quella cartella. Lo strumento tecnico è diverso, ma l'inizio del processo è stato comunque rispettato.

7 - Elencazione dei benefici dell'attività di RPA per l'azienda.

La proposta è stata fatta. Il cliente ha preso visione di come il robot svolgerà quella funzione e ha potuto vedere in attività l'automazione secondo i criteri che sono stati concordati con lo sviluppatore. È questo il momento di spingere sull'acceleratore e provare a portare il cliente dalla nostra parte in modo energico, e lo si può fare soltanto elencandogli quali saranno i benefici di quest'attività sotto il cappello della RPA. I benefici, l'ho già scritto nella prima parte ma è bene ricordarli in questa sede, riguardano essenzialmente il tempo, la precisione, la correttezza, il risparmio economico. I benefici più tangibili sono quelli riguardanti il tempo e il risparmio economico; meno facile è capire che tipo di benefici si avranno in tema di correttezza e precisione. Prima di partire con lo sviluppo pieno del robot, infatti, il cliente può operare solo una valutazione del tempo risparmiato nel compiere quel lavoro e del beneficio economico per le sue tasche. È chiaro che, almeno all'inizio, il cliente guarda essenzialmente al lato economico. È giusto che sia così, perché sviluppare un progetto di RPA - almeno per adesso - è un investimento (non troppo esoso) che richiede una lungimiranza e una fiducia nel mezzo che vanno aldilà di ogni possibile ragionamento. Credo, però, che il beneficio più importante, quello a cui ritengo si dovrebbe dare più peso, è quello – spesso non considerato o semplicemente di non immediata valorizzazione - della correttezza del lavoro svolto, ovvero alla qualità del compito svolto. Di solito, un progetto di RPA riduce del settanta percento la mole di errore compiuta dall'essere umano. Una percentuale sostanziosa, da non nascondere e da non ritenere scontata. L'unico modo che ha il cliente per poter quantificare il beneficio della correttezza del lavoro svolto è mettere in relazione la qualità del lavoro con le possibili penali in caso di perdite di tempo: se un lavoro lo si svolge in un tempo superiore a quello previsto, e la multa per il ritardo è fissa, se ho un beneficio di tempo grazie all'attività di RPA so che non andrò incontro a penali e risparmierò una quota fissa. Allo stesso modo, oltre al tempo, anche il beneficio dell'aver svolto un buon lavoro, senza errori, è quantificabile con la quota di soldi che risparmio in caso di mancato errore. Se un errore mi costa cento euro, aver evitato anche solo dieci errori comporta un beneficio complessivo di mille euro. Questo è il ragionamento che spinge il cliente a partire con la RPA, fatti salvi i casi in cui intervengono altri fattori a rallentare l'inizio dei lavori (come già scritto nel capitolo di questa parte sulle "criticità" della RPA).

8 - Accettazione della proposta.

A questo punto il cliente ha tutte le carte in mano per poter valutare ciò che deve fare e cosa deve decidere. L'approvazione riguarda, ovviamente, quanto si è progettato nella fase del "to be". Una volta ottenuto il consenso del cliente, inizia il nostro vero lavoro.

9 - Sviluppo del software per il processo da automatizzare.

Le persone che lavorano nel mio ufficio, quelli più giovani ma anch'io e i miei colleghi "senior", siamo tutti sviluppatori, e lavoriamo essenzialmente su progetti di automazione. Cosa significa "sviluppare il software"? Vuol dire che occorre sempre partire dalle esigenze del cliente per poter creare un software specifico capace di svolgere le attività da automatizzare. Le grandi aziende agiscono ancora alla vecchia maniera - e quindi non riescono a comprendere a fondo il fenomeno odierno della RPA - quando decidono prima il software indipendentemente dal processo che si va ad automatizzare. È un grosso sbaglio: si deve prima capire come gira il processo da automatizzare per poi scegliere il software più adatto a quelle esigenze. Si apre il software di RPA e si inizia a programmare. Utilizzo in prestito il termine "programmazione", perché è un termine che unisce ogni tipo di sviluppo software, anche se lo sviluppo di un software RPA è più visuale che scritto. I miei sviluppatori non stanno giorni e giorni a scrivere codice, ma si basano sui flussi di lavoro (workflow) che quel robot dovrà svolgere per realizzare quel determinato processo e lo rendono intuitivo. È importante, quando si programma nella RPA, non focalizzarsi solo sulla funzione del processo, quanto aver presente tutta l'attività nel suo complesso. La funzione è prendere un file da un portale e spostarlo in un altro punto? Bene, è un punto di partenza ma non può essere l'unico obiettivo della programmazione RPA. Occorre avere in mente l'idea di come deve girare l'intero processo, altrimenti si rischia di non dare risposte sicure e di aver completato solo metà lavoro. L'idea della RPA è legata al concetto di trovare la soluzione più che studiare il tecnicismo per realizzarla. La vecchia programmazione partiva da un dato, analizzava la funzione da realizzare e la portava a compimento spesso impuntandosi a scrivere codici e codici complicati e inconcepibili. La RPA è molto più creativa. Ho una funzione, inserita in un determinato processo. Devo cercare la soluzione migliore, non quella più veloce. La soluzione più veloce non è la risposta a cui mira la RPA. Un progetto di RPA tende a dare una soluzione migliore in fatto di stabilità e non solo di velocità. Mi è accaduto spesso di realizzare software RPA con dei giri pazzeschi di lavoro prima di arrivare alla soluzione finale. Se per andare da A a B non c'è bisogno di passare per C, nella RPA a volte è necessario che da A vado a C, poi forse pure a D e poi arrivo a B, un giro diverso, più stabile e che non è detto mi faccia perdere poi tanto tempo in più. Nella RPA si deve andare oltre l'unica strada percorribile, avere molta pazienza e saper aggiungere giri di lavoro senza appesantire il robot creato. Questo è l'aspetto che più mi piace del lavoro che faccio adesso. Non mi annoio mai.

10 - Consegna del Robot e monitoraggio dell'attività.

Il Robot è pronto. Il cliente è contento. Gli viene consegnato il lavoro di settimane e finalmente può partire con l'automazione. Abbiamo forse finito il nostro lavoro? Nemmeno per sogno. È adesso che inizia la fase più delicata. Come per uno scrittore la fase più delicata è quella della revisione della prima stesura del suo romanzo, così per uno sviluppatore RPA i problemi nascono quando la propria "creatura" entra in azione. I problemi saranno minori nella fase di monitoraggio quanto più si è stati attenti, in fase di analisi, a capire quali potrebbero essere i cambiamenti nel modo di lavorare o nelle esigenze del cliente. È solo nel "post", infatti, che potremo intervenire per migliorare qualche aspetto essenziale dell'automazione. Il monitoraggio delle attività è la parte più lunga dell'intero processo di sviluppo di un software RPA. Dico sempre ai miei clienti che se si parte in un determinato mese dell'anno, dopo tre mesi la versione iniziale dovrà essere aggiornata e sarà differente rispetto a quella data in produzione, e dopo un anno sarà già cambiata una terza volta. I clienti inizialmente non ci credono, ma poi devono rassegnarsi a constatare che va proprio nel modo che gli avevo descritto all'inizio.

Un esempio di cambio in corso d'opera, nella fase di monitoraggio, è questo che descrivo. Facciamo finta che il processo da automatizzare sia quello di fare il download di alcuni dati contenuti su SAP. L'estrazione dei dati funziona bene per sei mesi, poi inizia a fallire per "time-out". Cosa è successo? Probabilmente i dati da scaricare sono diventati tanti, troppi per una sola estrazione. Se prima i record erano cento, ora sono duemila. Cosa fare? Una possibile soluzione è prendere

RPA per tutti – di Vincenzo Marchica

l'estrazione e "splittarla" in diverse parti, ovvero anziché una sola estrazione "pesante", far fare al robot piccole estrazioni con pochi record alla volta. Ecco, questo è un esempio di workaround, necessario nella fase di automazione di quel determinato processo. Il tutto avviene nella fase di monitoraggio, perché prima non avevamo riscontrato questo problema.

Ai miei ragazzi dico sempre che la prima dote di uno sviluppatore di RPA deve essere il problem solving: devono essere creativi. Creativo non è solo il grafico. Per risolvere problemi servono molta creatività, indole positiva e una intelligenza pratica molto sviluppata. Nella RPA è fondamentale trovare sempre nuove soluzioni, per non fossilizzarsi a replicare quanto ha già funzionato per un cliente. I problemi sono di varia natura e ogni progetto ha una percentuale di problematiche che arriva fin quasi al cinquanta percento. Benedetta sia sempre la fase di monitoraggio, perché senza questa io starei solo a fare il venditore di RPA, perdendo di vista la concretezza di questo lavoro infinito e bellissimo.

Capitolo 12 - RPA: le prossime evoluzioni

Mi piace fare prospettive sul futuro. Di sicuro, il fenomeno della RPA è nel pieno del suo sviluppo e mi dispiace che in Italia se ne stia iniziando a parlare solo da un paio d'anni. È innegabile che, nel corso di questi ultimi anni, la RPA abbia preso sempre più piede nel mercato e continuerà a farlo anche in futuro.

Alcuni stimano che la domanda di automazione robotica entro il 2024 crescerà esponenzialmente rispetto a oggi e che il quaranta percento delle grandi imprese avrà veri e propri centri di automazione. Il McKinsey Global Institute si esprime dicendo che sarà possibile automatizzare fino al trenta percento dei compiti che oggi riguardano il sessanta percento del tempo di un lavoratore.

Eppure, nonostante tutte queste previsioni rosee, io sono convinto che, da qui a cinque anni, anche gli strumenti odierni di RPA cambieranno. Forse non si parlerà nemmeno più di RPA, tanto che alcuni ormai la associano essenzialmente all'intelligenza artificiale. Probabilmente tra cinque anni non farò più nemmeno questo lavoro: vedremo come cambierà il futuro e ci inventeremo qualcosa di nuovo. Il fatto è che, come ogni cosa buona, anche la RPA diventerà di uso comune. Sarà così tanto utilizzata che ci si dovrà inventare qualcosa di più per renderla più appetibile. Ci sarà una diffusione sempre più capillare e, prima o poi, la maggior parte delle attività facilmente automatizzatili o facilmente pensabili da automatizzare, lo diventeranno. Si tratta sempre di un discorso che mette in relazione i costi con le opportunità o il desiderio di automatizzare.

Se dovessi immaginare me e la mia azienda tra cinque anni, la vedrei di natura diversa rispetto a quella che ha oggi. Probabilmente diventeremo sempre più produttori di soluzioni di intelligenza artificiale, produrremo robottini in serie che saranno venduti "a scaffale" e le aziende sfrutteranno i robot già pronti nei loro processi. Ancora di più, sono convinto che la diffusione della RPA sarà così vasta e di grandi proporzioni che ogni persona potrà mettere in piedi un robot per il proprio computer. Nelle aziende potrà accadere che ogni dipendente abbia sul proprio computer un robot installato e che agli uffici centrali tocchi solo il compito di verifica e controllo sull'operato dei robot.

Lo so, sembra una visione alla Asimov, ma dietro a queste mie convinzioni c'è la certezza che lo sviluppo è ben avviato e le promesse per costruire il futuro sono alla nostra portata. E posso dire questo con certezza guardando indietro, a come si sono diffusi gli strumenti che una volta erano dominio di pochi e ora sono alla portata di tutti. Nessuno pensava che le App per i nostri smartphone sarebbero state così facili da creare e implementare: all'inizio chi faceva app mobile era considerato uno degli scienziati più invisi al panorama mondiale, mentre oggi chiunque potrebbe crearne una. Nessuno pensava che un programma come Office sarebbe diventato così fondamentale per tutti, e all'inizio era dominio di pochi: poi, però, il software si è diffuso, tutti ne hanno preso conoscenza e lo hanno iniziato a usare e adesso sembra uno strumento insostituibile. Si sta facendo la stessa cosa con i software di RPA: diffonderla il più possibile in modo tale che diventi presto di uso comune, in grado di guadagnare sempre più fette di mercato. Sul mercato sono sempre più presenti gli sviluppatori di RPA, mentre prima erano merce rara. Per far capire quanto sia già diventata comune la RPA, basta andare a vedere i siti dei principali sviluppatori: UiPath, Automation Anywhere ed HelpSystem danno a tutti gli utenti la possibilità di scaricare una versione gratuita o temporanea del loro software che ognuno può utilizzare sul suo computer. Poi, però, per poter avanzare al livello superiore occorre comprare una licenza specifica. Così, dalla frase di Bill Gates "un computer per ogni scrivania", stiamo passando alla sua evoluzione, "un robot per ogni computer", in modo sempre più veloce.

L'unico ostacolo, oggi, è rappresentato dai costi elevati. Fino a quando gli strumenti di RPA resteranno alti di prezzo, la sua diffusione sarà minima. Nel momento in cui la diffusione sarà sempre maggiore e l'elemento di novità non sarà più tale, il costo scenderà e sarà più facile per tutti poterla utilizzare. In parte questo abbassamento di prezzi è già realtà, se si pensa al fatto che la Vincix Group mette a disposizione dei clienti alcuni Robot in "affitto". È questione di pochi anni.

La vera sfida per il futuro è fare in modo che le aziende parlino apertamente del modo in cui sfruttano la RPA nei loro processi, e che tutti i dipendenti di un'azienda siano formati per crearsi il proprio robottino personale e usarlo nelle mansioni loro affidate. L'utilizzo massivo della RPA sarà la conseguenza di una formazione di base, per cui le aziende punteranno sul fatto che ogni dipendente sia preparato per svolgere il suo lavoro con l'aiuto di un robot da lui stesso creato e sviluppato. Mi immagino, ad esempio, che la persona con il compito di effettuare il dispatching delle mail possa farselo per i fatti suoi installando un robot, anziché chiamare l'ufficio IT per farsi aiutare. È un cambio di mentalità importante, e sono sicuro che arriverà il momento in cui lavoreremo in modo diverso da quanto stiamo già facendo

RPA per tutti – di Vincenzo Marchica

oggi. Inoltre, ritengo che il vero obiettivo dei prossimi anni sia quello di fare in modo che vengano automatizzati i processi "core business" delle aziende, e non solo le attività collaterali. Spiegandomi meglio, mi piacerebbe che un'azienda o una società che ha il compito di curare le buste paga di dipendenti di una determinata azienda possa sfruttare l'automazione RPA per poter svolgere la sua missione. Automatizzare tutto il processo, dall'inizio alla fine, è quello che stanno iniziando a fare alcune compagnie telefoniche o bancarie per poter attirare nuovi clienti. È lo stesso concetto di automazione che prende un nuovo senso.

Collegata a questa, l'altra sfida riguarda le giovani generazioni. Sono ben contento di sapere che in alcune scuole si sta iniziando a dare importanza all'insegnamento delle materie STEM, anche se la programmazione STEM è più orientata alla robotica procedurale, all'informatica applicata. Però di sicuro c'è il fatto che, seppur non siano la stessa cosa, tali insegnamenti preparano lo studente ad avere una mente aperta al cambiamento, alla scoperta di nuovi modi di procedere e di vivere. In giro per il mondo ci sono anche corsi di RPA all'interno delle scuole. Tali corsi hanno l'obiettivo di insegnare il nostro stesso lavoro alle giovani generazioni, in modo tale da rendere la RPA sempre più comune nel tempo.

Infine voglio spendere qualche parola nello spiegare quali potrebbero essere le implicazioni legali per l'utilizzo "sbagliato" di un robot da parte di un cliente. Come ogni cosa che diventa di utilizzo comune, la normalità prevede che ci sia un utilizzo rispettoso da parte dello strumento automatizzato in modo da non cadere in aspetti giuridici di carattere più penale-amministrativo che civile. Fino a oggi non ci sono stati interventi legislativi in merito di automazione di processi. Sono convinto che, data la portata comune del fenomeno e i tanti aspetti "sinistri" della RPA, presto verranno a galla questioni in materia sindacale più che giuridica. Chi ha paura di perdere il posto di lavoro a discapito di un computer cercherà di tutelarsi andando nelle opportune sedi. Poiché a molti la RPA sembra essere solo un modo per licenziare gente, penso che a breve ci saranno interventi giurisprudenziali più che legislativi sul tema, ed è giusto che qualche pronuncia aiuti anche chi opera nel settore a capire che ci si può muovere solo entro determinati limiti.

I problemi, secondo il mio punto di vista, riguarderanno di più il controllo sui robot e la relativa responsabilità di chi li ha programmati quando vanno a svolgere compiti "delicati" e in cui non può essere presente alcun margine di errore. Quindi ritengo che si debba dare importanza a due aspetti: il controllo del robot e la verifica di quello che viene sviluppato, una sorta di certificazione sulle attività svolte dal robot in sede di automazione. È chiaro che, quando andiamo a sviluppare un Robot per un cliente, nel momento in cui pensiamo al workaround dobbiamo avere bene in mente che le operazioni svolte dal robot non possono essere libere e irresponsabili ma devono essere finalizzate allo svolgimento del processo e al fatto di arrivare all'obiettivo prefissato. É successo, in passato, che alcuni accordi con particolari clienti prevedessero danni di natura economica o amministrativa, mentre non è mai successo che venisse contemplata la possibilità di commettere reati penali. Come comportarsi in questo modo? La mia risposta è semplice: se al robot viene chiesto di svolgere un compito ad alta responsabilità penale, dovrò impedire al robot di fare quel compito oppure lo devo realizzare munendolo di tutta una serie di controlli

RPA per tutti – di Vincenzo Marchica

aggiuntivi che gli possano permettere di affrontare una determinata responsabilità sapendo bene i rischi a cui si può andare incontro.

L'uso massivo della RPA sicuramente farà aumentare il rischio di incorrere in queste problematiche, spesso legate ai diritti della privacy. Arriverà, dunque, anche il momento in cui la RPA dovrà sottoporsi al controllo della legge; per adesso tutto scorre ancora in piena libertà e responsabilità "etica" da parte di chi, come me, è impegnato a rendere più facile la vita agli altri. Tutto quello che verrà, come cantava Lucio Battisti, "lo scopriremo solo vivendo".

Conclusioni

Eccoci giunti, dunque, alla fine del percorso. In queste pagine ho provato a sintetizzare la mia esperienza professionale e le caratteristiche del lavoro che svolgo ogni giorno con sempre maggiore attenzione, cercando di appianare critiche o incomprensioni sul fenomeno della RPA. Non so se sono riuscito nell'intento, ma credo che le pagine migliori siano quelle che non ho ancora scritto, quelle che vivrò nei prossimi anni una volta superato il giro di boa dei "quaranta".

Voglio, però, lasciare al lettore un'ultima pillola su quello che faccio e come lo faccio, lasciando per un attimo la parola ai bambini e ai ragazzi. Spesso, infatti, accade che vada in giro a parlare con i più giovani del lavoro che svolgo e la domanda è sempre quella: ma tu che lavoro fai? È la stessa domanda che mi fanno i miei figli quando sono a casa. Devo dare una risposta, e devo far capire in poche parole e usando concetti semplici quello che ho cercato di scrivere in questo centinaio scarso di pagine. Come fare?

Ai miei figli ho raccontato che realizzo dei piccoli robot che svolgono attività che gli esseri umani non vogliono fare o non amano fare perché sono ripetitive e noiose. E realizzo questi piccoli robottini che si comportano allo stesso modo delle persone, replicando al computer quello che dovrebbero fare manualmente, facendo quindi le stesse cose. Una definizione semplice, forse la migliore sintesi di tutto questo libro. Dopo aver finito di parlare sono stato in silenzio, aspettando qualche reazione a quanto avevo detto. Le reazioni sono arrivate e, come sempre, mi hanno stupito.

Uno dei miei figli ha messo in luce l'aspetto sociale del mio lavoro, l'aspetto negativo che troppi ancora in Italia sottolineano con una punta di fastidio: facendo questi robot in pratica starei togliendo il lavoro a molte persone. L'altro, invece, ha messo in luce l'aspetto pratico, e quindi ottimista: con i miei robot le persone non sarebbero state costrette a svolgere un lavoro noioso. Ecco, quindi, che effetto ha ottenuto la mia sintesi nella loro innocenza. Adesso non ricordo se l'aspetto pratico sia stato evidenziato da mia figlia o da mio figlio, ma non mi stupirei che questa visione sia frutto del cervello femminile, molto più pragmatico rispetto a quello maschile.

L'aspetto ottimista è il punto di partenza che metto davanti ai miei occhi quando parlo con un cliente: se riesco a far comprendere al mio interlocutore che lo scopo del mio lavoro e della sua scelta ha quest'aurea impregnata di ottimismo, ho vinto la partita in anticipo e posso costruire su basi solide e senza la paura di dover poi saltare mille ostacoli. È quello che auguro a

71

tutte le persone che svolgono un lavoro bello, intenso e proficuo come il mio: siate sempre ottimisti, siate sempre positivi!

Figura 5 Con Frank Casale e Giovanni Sestili - Londra 2018

RPA per tutti – di Vincenzo Marchica

Figura 6 Con Giovanni Sestili - BP World Londra 2018

Figura 7 In volo per Londra - 2018

RPA per tutti – di Vincenzo Marchica

Figura 8 Congresso RPA a Berlino - Nov 2019

Figura 9 Convegno in Cina - Agosto 2019

RPA per tutti – di Vincenzo Marchica

Figura 10 Con Frank Casale Stoccolma 2020

RPA per tutti – di Vincenzo Marchica

Appendice

La RPA su Wikipedia

(testo preso da Wikipedia, l'enciclopedia libera, https://it.wikipedia.org/wiki/Robotic_Process_Automation, url consultato in data 11 dicembre 2019)

La Robotic Process Automation (RPA) afferisce a tutte le tecnologie, prodotti e processi coinvolti nell'automazione dei processi lavorativi e utilizza software "intelligenti" (i cosiddetti "software robot") che possono eseguire in modo automatico le attività ripetitive degli operatori, imitandone il comportamento e interagendo con gli applicativi informatici nello stesso modo dell'operatore stesso.

Descrizione

Attualmente (ad esempio con gli strumenti di automazione del workflow) le attività automatizzate, semplici e ripetitive, sono basate su sorgenti strutturate di dati, per poter interfacciare i sistemi di back-end per mezzo di Application Programming Interface (API) interne o linguaggi di scripting dedicati. Invece i sistemi di RPA sono in grado di gestire dati anche non strutturati (quali documenti scannerizzati, immagini, video), integrando elementi tratti da soluzioni di intelligenza artificiale (ad esempio quelle per apprendere automaticamente le operazioni da automatizzare o per adeguarsi in modo adattivo ai cambiamenti dell'ambiente in cui operano). In altri termini, i sistemi di RPA sviluppano la lista di azioni "osservando" l'utente svolgere determinati task nella GUI (Graphical User Interface) e successivamente l'automazione consiste nelle ripetizioni dei task direttamente nella GUI. Questo fatto riesce a facilitare l'automazione nei casi in cui non sia disponibile un API adatta allo scopo.

Esistono numerosi ambiti di applicazione della RPA, dal front-office al back-office, e i settori:

• dei servizi finanziari (per esempio per le approvazioni dei mutui bancari)[3],

• del turismo (per conferme d'ordine, ad esempio) e

• della sanità (per la refertazione al paziente)

sono fra i più indicati, a causa dei rilevanti volumi di attività ripetitive che li caratterizzano.

Gli strumenti di RPA presenta similarità con quelli per il test delle Graphical User Interface. Anche questi automatizzano l'interazione con la GUI ripetendo una serie di azioni dimostrative svolte dall'utente. Ma gli strumenti di RPA offrono funzionalità che consentono di gestire i dati all'interno e fra multiple applicazioni, per esempio, ricevendo messaggi di posta elettronica contenenti una fattura, estraendone i dati e inserendoli in un sistema di prenotazione. Oppure i software robot possono eseguire processi che prevedono l'accesso e l'utilizzo di più sistemi e procedure, quali sistemi ERP, fogli elettronici o siti web, eseguendo lunghe sequenze di attività. Questa manipolazione dei dati non è di solito presente negli strumenti di test delle GUI.

Origini e sviluppo

Lontani antesignani dei sistemi di RPA sono i sistemi di screen scraping (progettati per prelevare direttamente dalle schermate il contenuto e i dati di un applicativo o di un sito web per poterlo riutilizzare). La RPA è però una significativa evoluzione tecnologica e le piattaforme disponibili sono sufficientemente mature, robuste, scalabili ed affidabili per un uso da parte delle grandi imprese.

I servizi di RPA attuali utilizzano un'istanza robotica software per ciascuna workstation virtuale (ricordando in questo l'assegnazione di operatore umano ad una postazione di lavoro). Il software robot usa i controlli della tastiera e del mouse per svolgere le attività automatizzate. Di solito queste ultime sono svolte in un ambiente virtuale (non sono pertanto visibili su schermo). D'altronde è proprio all'evoluzione delle tecnologie di virtualizzazione che i moderni sistemi di RPA devono la loro scalabilità. L'implementazione delle tecnologie di RPA nelle imprese ha portato ad ingenti risparmi sui costi se paragonati a quelli dovuti alle tradizionali soluzioni non RPA.

Vantaggi

I principali vantaggi presentati dalla RPA sono:

• riduzione nel numero di errori, dato che le attività oggetto di automazioni sono quelle che, se svolte dall'operatore umano, sono più esposte ad errori (perché ripetitive),

• contenimento dei costi, grazie alla riduzione degli addetti e al loro riutilizzo per altri compiti,

RPA per tutti – di Vincenzo Marchica

• riduzione dei tempi di svolgimento delle attività,

• nessun impatto sui sistemi informativi, poiché le applicazioni esistenti non vengono interfacciate ad es. con tecniche di integrazione di sistemi; per definizione, i robot usano le applicazioni con le stesse modalità dell'operatore umano,

• tempi rapidi di implementazione delle iniziative di RPA, grazie alla possibilità di produrre in tempi molto contenuti una proof of concept.

Impatto della RPA sul lavoro e sul business

Il cambiamento sotteso alle iniziative di RPA ha impatto sulle modalità in cui le imprese utilizzano le risorse umane, al punto che si può paragonare l'impatto della RPA sulla forza lavoro impiegatizia a quello avuto dalle linee di produzioni robotizzate sulla forza lavoro manuale. L'uso estensivo della RPA porterà a richiedere per il settore impiegatizio un livello di qualificazione superiore a quello attuale, in quanto le attività ripetitive o rigidamente proceduralizzate potranno essere svolte dai robot. Gli addetti, distolti dai task a scarso valore aggiunto, potranno essere incaricati di occuparsi ad esempio di attività commerciali e di interpretazione dei dati. Di conseguenza in futuro saranno sempre più necessari interventi di riqualificazione del personale rimpiazzato dalle tecnologie di RPA.

La maggior parte delle imprese che hanno adottato soluzioni di RPA hanno deciso di non effettuare tagli sul numero di addetti, ridispiegando le persone coinvolte in attività più interessanti. In tal modo è stato possibile raggiungere migliori livelli di produttività a parità di numero di risorse umane.

Uno degli aspetti critici potrebbe essere rappresentato dalla minaccia rappresentato per le attività di Business Process Outsourcing (BPO), perché alcune imprese potrebbero pensare di far rientrare entro i confini aziendali le attività esternalizzate e ora oggetto dell'automazione RPA.

www.ingramcontent.com/pod-product-compliance
Lightning Source LLC
La Vergne TN
LVHW041219050326
832903LV00021B/695